KB237407

권오길 교수가 들려주는

생물의 섹스 이야기

차례
Contents

자손을 남기려는 것은 생물의 본능

　모든 생물은 자손, 새끼를 많이 남기려 든다. 왜 그런가 하고 물으면 말문이 막히고 말지만, 본능적으로 너나 할 것 없이 모두가 후손 남기기에 전력을 막 쏟아 붓는다. 그들의 피 흘리는 투쟁의 모습은 단지 겉면, 외피(外皮)일 뿐이고, 궁극적으로는 DNA(유전인자)를 남기기 위해 그렇게 끊임없이 다툼질을 한다. 잘난 놈 못난 놈 할 것 없이, 동식물은 물론이고 세균이나 바이러스도 매한가지다. 다투어 삶터를 넓히고, 먹이를 더 많이 얻어서 자손의 수를 늘리자는 것이 생물들의 투쟁사인 것이다. 넓은 터(space)를 가질수록 먹이(meat)를 더 많이 얻고, 그래야 여러 짝(mate)을 얻을 기회가 생겨서 자손(유전자)을 더 많이 남길 수가 있게 된다.

사람인들 별 수 있는가, 동물의 한 종(種)이고 보면 의당 같은 공식 안에 들고 만다. 인간에겐 돈이 에너지라, 그놈이 있어야 먹이를 사고 짝을 얻을 수 있으니 죽기 살기로 돈에 퉁때(엽전에 묻은 때)가 올라 오늘도 발버둥을 치고, 궁극적으로는 공간(영역)이 문제가 되니 나라끼리도 터 싸움이 그리도 치열하다.

씨를 늘려 퍼뜨리는 방법도 생물에 따라 다 다르다. 세포 한 개짜리로 눈에도 안 보이는 세균은 몇 분 안에 하나가 둘로 잘라지는 이분법으로 둘이 넷, 넷이 여덟, 또 그것의 두 배…… 이렇게 기하급수로 개체수를 증가시킨다. 온도, 물, 양분이 좋고 충분하면 어느새 천지가 세균으로 덮일 판이다. 곰팡이가 그렇고, 버섯 하나가 날리는 홀씨(포자)는 과연 몇 개인가. 수억(億) 개가 예사 아니던가. 생물도 아니고 무생물도 아닌 바이러스도 새끼 퍼뜨리기에 있는 힘을 다한다.

바이러스를 생물이 아닌 무생물이라 하는 이유는 단백질과 핵산(DNA, RNA)만으로 구성된 하나의 입자(粒子, 세포 단계에 이르지 못함)이기에 하는 말이고, 생물이라 칭하는 것은 그놈들이 번식을 하기 때문이다. 이 사람 저 사람에 옮겨가며 우리를 괴롭히는 감기 바이러스만 해도 자기의 씨를 퍼뜨리느라 바쁘니, 생물의 특성에서 아주 귀한 것이 바로 '번식'(繁殖)인 것이다. 두말할 나위 없이 생물들의 사는 목적은 오직 씨를 남기려는 데 있다. 그러니 수단과 방법을 가리지 않고 제 유전자 남기기에 심혈을 다 기울여 온 힘을 쏟아 붓는 것이겠지.

꽃도 섹스를!

봄 타령부터 해본다. 정말로 자연은 아름답다! 꽃피고 잎사귀 돋고, 흩날리는 봉접(蜂蝶)에다 지저귀는 새소리가 어우러져 웅장한 교향곡을 연주하고 있지 않는가. 삼라만상이 기지개를 켜는 봄, 봄이 우리 곁에 온 것이다.

기화요초(琪花瑤草)가 봄맞이 오라고 요염하게 손짓한다. 눈을 크게 뜨고 귀를 활짝 열어서 우리의 어머니, 자연에 가까이 다가가 그들과 더불어 듣고 보며 봄을 즐겨볼 것이다. 꽃놀이 가자꾸나. 매섭게 아린 신산(辛酸)의 겨울이 있었기에 봄이 이렇게 따스하고 아름다운 것이리라. 고생을 해보지 않은 이가 어찌 진정한 행복을 안담.

더운 적도 지방의 벌은 꿀을 모으지 않는다. 안정된 환경에 사는 생물에게서는 절대로 변화(진화)가 일어나지 않는다. 까다로운 환경조건을 극복하기 위해 애쓰는 과정에서 변화가 생기는 것이다. 악기(樂器)는 모진 풍파를 이겨낸 높은 산꼭대기의 북쪽 나뭇가지로 만든다고 하지 않는가. 잔잔한 바다에서는 좋은 뱃사공이 만들어지지 않는 법, 성공한 사람들은 하나같이 어려운 환경을 이겨낸 이들이다. 더운 곳에 사는 벌이 먹을 것이 지천으로 있는데 왜 꿀을 따 모으겠는가. 그래서 그곳의 사람들도 매한가지로 게으르고 느려 터졌다. 아무튼 환경에 따라 생물의 행동과 습성이 달라지니 어느 하나 환경의 산물이 아닌 것이 없다.

왜 수놈들은 바람을 피우는가? 너무 야해 보이고 직설적이다 싶지만 그 말이 그 말이다. 기절초풍할 '번식작전'이 동물계에 수두룩하게 있음을 이제 곧 알게 되겠지만, 식물의 세계도 매한가지다. 고사리 같은 양치식물은 이파리의 뒤편에 온통 홀씨주머니를 가득 달고 있다. 부지기수, 그 수를 알 수가 없을 만큼 많이 만들어서 이 지구를 제 세상, 고사리 세상으로 만들려고 든다. 고사리처럼 꽃을 피우지 못하는 식물을 은화식물(隱花植物, 민꽃식물)이라 하는데, 꽃을 피우는 현화식물(顯花植物, 꽃식물)은 더더욱 공개적인 '생식작전'을 구사한다. 점잖은 체면에 꽃이라는 생식기를 백주 대낮에 버젓이 줄기 끝에 매달아 뽐내고 있지 않는가.

흐드러지게 맵시를 뽐내고 있는 꽃으로 걸음을 옮겨보자. 꽃은 무엇이며, 왜, 어째서 저렇게 철 따라 피어나는 것일까.

꽃도 피는 순서가 조르르 정해져 있더라(헌데 어째서 사람은 아래위도 없고 앞뒤도 없는가. 고얀지고!). 저 꽃들은 우리를 즐겁게 해주기 위해 울긋불긋, 형형색색으로 고운 자태를 드러내고 있는 것이 아니다. 벌이나 나비들을 불러들여서 꽃가루를 암술에 달라 붙여 종자를 맺자고 저렇게 애쓰고 있는 것이다.

꽃을 아주 좋아했던 식물학자로, 학명(學名) 쓰기를 창안해 낸 유명한 분류학자인 스웨덴의 린네(Carl von Linnaeus)는 꽃을 무척 좋아했던 분이다. 그분의 동상을 봐도 꽃 한 송이가 손바닥 위에 올려져 있다. 가까이 오래 지내다보면 이야깃거리가 생긴다고 하던가. 꽃을 보고 그 양반이 엉뚱한 소리를 하신다. "여덟, 아홉, 열 명의 남성이 한 여성과 같은 침대에 누워 있는 꼴이 아니고 뭐란 말인가." 가운데 자리에 한 여인(암술)이 드러누워 있고 둘레에 여러 남자(수술)가 둘러있어서 서로 사랑을 하는 것이라는 의미이니, 맞는 말이다. 절대로 삐뚤어진 것이 아니고, 있는 그대로를 본 것이다. 다만 우리가 선입관과 편견을 가지고 자연을 보고 있을 뿐. 자연은 있는 그대로를 볼 때 제대로 보인다.

꽃은 식물의 생식기다. 그렇지 않은가. 동물은 생식기를 몸 아래쪽에 달랑 매달고 있는데 푸나무는 우듬지(줄기 끝)에 수줍음 하나 없이 덩그러니 물건(?)을 매달아 놓고 교태를 부리며 호객행위를 한다. 꽃이 좋아야 나비가 모인다고 하던가. 곤충을 꾀고 있는 꽃들이다. 사람도 그 꽃을 혐오스럽다거나 불경스럽게 여기지 않는다. 되레 그것을 감상한답시고 음액(陰

液)의 향기를 코로 맡고 손으로 어루만지기를 마다 않고 있으
니…….

　분명히 꽃은 벌레들이 옮겨다준 화분을 받아 자식(씨앗)을
만드는 식물의 생식기다. 그런데 어떤 꽃들은 꽃가루를 바람
에 태워 날리거나(풍매화) 곤충을 통해 옮기거나(충매화), 물을
따라 흘려보내기도(수매화) 한다. 사막에서는 벌새(조류)나 박
쥐(포유류)가 배달하기도 한다. '반가운 손님은 쉽게 오지 않는
다'는 것을 알고 있는 꽃들은 손님을 꼬드기기 위해 오만 가
지 향기로도 모자라 더없이 달콤한 꿀까지 만들어 놓는다. 세
상에 공짜가 어디 있는가. 동물들은 꿀을 얻어먹는 대가로 꽃
가루를 옮겨주니 말이다.

　한 꽃송이에 암술과 수술이 다 있는 꽃을 양성화(兩性花)라
한다. 그런데 제 꽃가루를 암술에 묻혀주면 열매가 맺힐까? 과
수원에서 배나무나 복숭아, 자두나무를 심을 때에는 여러 그
루를 모아 심는다. 저 멀리 홀로 서 있는 자두나무는 암술과
수술을 다 갖고 있어도 열매를 맺지 못하고 어떻게 해서라도
다른 그루의 꽃가루를 받아서 씨를 맺겠다고 애를 쓴다. 같은
꽃송이, 나무와의 꽃가루받이(수분, 受粉)를 꺼린다는 것이다.

　물론 꽃 중에는 위의 것처럼 한 꽃에 암술과 수술이 함께
있는 양성화가 있지만, 한 줄기에 암꽃과 수꽃이 따로 피는 단
성화(單性花)도 있다. 호박이나 오이, 수세미가 바로 한 그루
에 암수 꽃이 따로 피는 예다. 그런데 암나무와 수나무가 따로
있는(자웅이주, 雌雄異株) 은행나무나 뽕나무, 삼 등의 꽃도

단성화다. 이렇게 다르다는 것이 '생물의 다양성'인 것이고, 이것이 바로 생물의 특성이다. 하여, 남과의 차별성을 중히 여겨야 할 것이다. 남과 다르면 '별난 놈'으로 따돌림을 당할까 봐 두려워하는데 단연코 그게 아니다.

제 꽃송이의 꽃가루를 받으면 열매가 맺히지 않는 것을 자가불임(自家不稔) 또는 자가불화합성(自家不和合性)이라 한다. 묘하지 않은가. 식물도 유전자가 비슷한, 가까운 사이끼리는 종자 맺기를 피한다는 것이. 한 꽃에서도 수술보다 암술을 아주 길게 늘어뜨려서 자가수분(自家受粉)을 피하는가 하면, 암술과 수술의 성숙시기를 달리하여 제 꽃가루받이를 철저히 기피한다. 식물들이 영리하기 짝이 없구나! 어느 생물이나 좋지 못한 형질을 결정하는 열성유전자를 갖는 것이라, 자가수정이나 근친결혼(近親結婚)을 하면 열성인자의 짝이 생기고, 그래서 잠재되었던 형질이 표현형질로 나타난다. 그래서 가능한 멀리, 다른 유전자를 가진 짝을 찾으려드는 것이다. 그러니 동물과 하나도 다름없이 식물도 건강한 인자와의 결합을 바라고, 그럼으로써 경쟁자를 이길 수 있고 병에 걸리지 않는 튼튼한 후손을 남기려 한다. 이처럼 아주 먼 형질과 합쳐서 아주 튼튼하고 억센 자손을 남기는 것을 잡종강세(雜種强勢, hybrid vigor)라 한다.

지렁이나 달팽이의 경우를 보자. 이들은 제 몸에 정자를 만드는 정소와 난소를 모두 가지고 있는 자웅동체(雌雄同體, 암수한몸)지만, 반드시 다른 개체와 교미를 하여 다른 정자를 받

는 타가수정을 한다. 자가수정은 사람에 비유한다면 근친결혼
인 셈이다. 자가수정이나 자가수분을 하다보면 악성 유전자끼
리 만나 불량형질의 자손을 낳기 쉽다 하여 회피한다. 동성동
본끼리 결혼을 삼가는 것도 그런 의미에서이다. 놀랍다! 우생
학(優生學)은 우리보다 저들 동식물이 먼저 알고 있더라.

　이렇게 식물의 생식세계를 간단히 살펴보고, 저 아래의 하
등한 생물로 다시 내려가서 고등한 순서로 올라가본다. 후손이
뭐기에 삶의 근본 목적을 그것에 두는 것일까? 끔찍하고 처절
하리만큼 모든 생물들은 번식본능에 몰두하고 매달린다.

　그러면 왜 생물들은 ♀(암, 비너스의 거울을 상징하는 부호),
♂(수, 군신(軍神)의 창을 의미함)가 따로 있어 서로 유전자를
섞으려 드는가? 암수의 유전자를 혼합하면 서로 닮기도 하지
만 아주 다른 특성을 가진 후손이 생긴다. 다른 말로는 부모와
다른 자손, 변화된 환경에 잘 적응하는 자손을 가지려 애를 쓴
다는 것이고, ‘변화된 적응’은 다른 말로 하면 진화된 놈이란
말이다. 하등생물들 중에는 세균처럼 하나가 둘로 잘라지는
이분법이나 몸의 일부가 떨어져 나가 새끼가 되는 출아법으로
번식하는 것이 많다고 했다. 그러나 그것은 ‘복제인간’과 비슷
하여 결코 유리한 생식방법이 못된다. 복제인간은 특히 출아
법과 다름없는 하등한 것임을 등한시하지 말 것이고, 무성생
식은 하등한 생식방법이라는 것을 간과해선 안 된다. 구차해
도 암수가 만나서 새끼를 치는 유성생식이 으뜸이다.

현미경 속 생물들의 섹스

바이러스의 새끼 퍼뜨리기

먼저 바이러스(virus)의 특징을 짚고 넘어가자. 물론 바이러스는 세균(박테리아)보다 훨씬 작다. 따라서 종류에 따라서는 세균에까지 기생하는 바이러스(박테리오파지, bacteriophage)도 있다. 바이러스는 이리 보면 생물이고 저리 보면 무생물인 요물단지다. 생물적인 특징은 다름 아닌 번식이다. 어디 연필이나 돌멩이가 그 수를 늘여가던가.

그런데 바이러스는 반드시 생물(식물, 동물, 세균)의 세포 속에 들어가야 번식을 할 수가 있다. 자기는 아무 것도 가진 것이 없기 때문에 다른 생물 세포에 들어있는 모든 것을 몽땅 써서 새끼치기를 하는 완전기생을 하는 것이다.

바이러스는 안에 핵산을 가지고 있고, 바깥은 단백질로 된 겉껍질로 둘러싸여 있다. 다시 말하면 탄수화물이나 지방 등은 없고 오직 핵산과 단백질, 두 물질로만 되어 있기에 무생물이라 부를 수 있다. 살아있는 달걀은 생물이지만 이것을 삶아버리면 무생물이 아닌가. 그 삶은 달걀에 해당하는 것이 바이러스란 뜻이다. 그러나 그것들의 번식력은 알아줘야 한다. 생물적인 특징인 생식력 말이다. 바이러스를 단순히 '입자'라고 부르는 이유가 거기에 있다. 예를 들어 "사스는 변종바이러스 입자가 유발하는 병이다"라고 하면 맞는 표현이다. 다시 말하면 바이러스는 세포 안에서는 생물이지만 밖에 있으면 휴면상태, 즉 무생물인 창조물이다. 생물도 무생물도 아닌 것이 어찌하여 사람을 이다지도 괴롭힌단 말인가!

사람에 기생하는 바이러스성 병에는 보통감기, 유행성감기(인플루엔자), 천연두, 헤르페스(herpes), 에이즈, 조류인플루엔자(AI, Aves Influenza) 등이 있고, 다른 동식물에도 여러 가지 바이러스가 기생한다. 왜 그렇게 기생하겠는가? 다 제 입자를 늘려가기 위해서다. 무한히 퍼져보고 싶은, 제 세상을 만들어버리고 싶은 욕심쟁이 바이러스다!

사스를 예로 들어보자. 사스(SARS)는 'Severe Acute Respiratory Syndrome'의 앞 글자를 따온 말로, 직역하면 '중증급성호흡기증후군'이라 한다. 말 그대로 아주 중증을 일으키는 급성 병인데, 호흡기, 특히 폐를 부어오르게 하는 병으로 약 7%의 치사율을 보인다고 한다. 그러나 사람들은 유행성감기에도 제

법 익숙해졌고, 그 무서운 병인 에이즈도 처음엔 놀라 자빠졌으나 이제는 그 예방법을 알고선 그렇게 두려워하지 않기에 이르렀다. 사스 역시 얼마 후면 원인도 밝혀지고 치료도 가능해질 병이니 너무 호들갑 떨 일은 아니라고 본다.

바이러스가 어떻게 생물체(세포)에서 번식하는가를 보도록 하자. 사스 바이러스가 사람의 허파에 들어갔다고 치자. 녀석이 허파세포(허파꽈리, 폐포)에 달라붙어서 세포막에 구멍을 내고, 제가 가지고 있는 핵산(RNA)만 세포 안에 쏙 집어넣는다. RNA는 세포 속의 물질을 이용하여 DNA를 합성하고 그것으로 단백질과 RNA를 만들어서, 겉껍질은 단백질이고 안에는 핵산이 든 똑같은 코로나바이러스를 복제한다. 그것이 반복되어 만들어진 여러 개의 바이러스는 허파꽈리를 깨뜨리고 나오는데, 이때 폐포는 죽게 되기 때문에 사람은 몸에 열이 나고 폐렴 증상을 보인다. 동시에 기침을 하면 멀리 다른 사람에게로 전파가 되니 끊임없이 사방팔방으로 퍼져나간다. 보다시피 사스 바이러스 역시 가진 것이라고는 핵산과 단백질밖에 없어서 모두 숙주세포(폐포)의 것을 쓴다. 이렇게 '입자'의 수를 늘려가니 이것이 바이러스의 생물적 특성이라 하는 것이다.

바이러스를 퇴치하지 못하고 쩔쩔 매고 있는 이유는 그것들이 숙주 세포에 핵산만 살짝 쏟아 넣어버리고, 돌연변이를 너무 자주 일으키기 때문이다. 돌연변이란 다름 아니고, 바이러스가 가지고 있는 핵산이 바뀌는 경우(염기가 달라지는 것)이거나, 때로는 다른 바이러스와 핵산을 교환해서 엉뚱한, 새로운 바이러스가 되어버리는 경우이다. 그렇기 때문에 잡을 듯 잡을 듯하다가도 그만 놓쳐버리는 것이다. 문제의 사스도 동물에 기생하던 놈이 갑자기 돌연변이를 일으켜서 사람에 옮겨 붙은 것으로 보고 있다. 조령모개라, 지금은 바이러스가 감기나 에이즈를 일으키는 것이 별 것 아니라 생각하지만, 얼마 전만 해도 얼마나 사람들이 두려워했었는지 모른다.

사스라는 병의 특징을 다시 요약해보면, 바이러스가 허파의 폐포에 들어가서 5~6일 안에 염증증세를 나타내고, 며칠 후에는 사방으로 염증이 퍼지면서 폐 조직이 부어오른다. 폐포에는 액체가 고이고 백혈구 등의 찌꺼기가 차면서 결국 폐포는 깨지고 만다. 하여 산소와 이산화탄소의 교환에 지장을 받고, 감염된 후 21일이 지나면 충분한 산소가 허파에 들어가지 못해 산소결핍증을 일으키다가 환자는 죽는다. 바이러스는 그 수를 한껏 늘리고 퍼뜨린 것이다. 성공한 바이러스!

사스며 폐렴이며 또 조류인플루엔자, 에이즈라는 병이 다 뭔가? 바이러스들이 번식하는 하는 과정에서 생긴 부작용으로, 그놈들은 동물들의 세포에 들어와서 숫자를 늘리느라 그 야단을 부린다. 조건만 맞으면 죽기 아니면 살기로 달려든다. 그들의 종족보존 본능도 알아줘야 한다.

세균의 번식작전

세균의 원래 말은 박테리아(bacteria)로, 박테리아는 여러 마

리를 의미하는 복수 형태고 한 마리는 박테리움(bacterium)이
라 쓴다. 세균(細菌, small staff)은 작은 병균이란 뜻인데, 현대
과학의 뿌리가 서양에 있기에 세균은 박테리아를 번역한 말이
다. 태권도에서 "차려" "경례"라는 우리말이 왜 쓰이는가를
생각해보면 쉽게 이해가 간다. 부질없는 소리로 듣지 말라. 과
학도일수록 외국어에 능통하고 강해야 한다. 외국어로 쓴 것
을 우리 글 읽듯이 술술 꿰어야 하니까. '외국어는 무기'란 말
이 거짓이 아니다. 그리고 외국인들도 누구나 자기 나라 말 외
에도 외국어 하나는 필수적으로 한다.

여담이지만, 1학년 새내기들 교실에 들어가서 영어나 독일
어를 턱 하면 학생들이 모두 놀라 자빠진다. "아니, 생물 가르
치는 교수분이 독일어를?" 얼마나 잘못 알고 있는 일인가. 다
시 말하지만 과학을 하기 위해서는 그것이 태어난 그곳의 글
을 읽을 수 있어야 한다. 외국어를 장사하기 위해 배우는 것으
로 착각하면 안 된다(물론 사업하는 데 필요하지 않다는 말은 아
니다. 착각은 자유라고 하던가).

세균에는 여러 종류가 있고 그 크기도 다양하지만 개략적
인 특징을 보면 세포 하나로 된 단세포(單細胞)이며, 크기가
워낙 작고(보통 1㎛, 1㎛는 1/1000㎜) 핵막이 없어서 핵 물질이
세포질에 퍼져 있다. 그래서 원핵생물(原核生物)이라 부르며,
핵이 제대로 생긴 것을 진핵생물(眞核生物)이라 한다. 또한 많
은 세균들이 편모(鞭毛)를 갖는데, 편모는 말총 모양의 털이라
는 뜻으로 세균은 이것으로 헤엄쳐서 이동을 한다.

　　세균들의 번식 방법은 대부분의 세포가 반으로 잘라지는 무성생식인 이분법인데, 이들은 환경조건만 알맞으면 기하급수로 늘어난다. 아주 좋은 조건에서는 보통 20분이면 분열이 끝난다(한 마리의 세균이 12시간 후에 몇 마리가 되는지 한 번 계산해보길 바란다. 단, 결과에 놀라지 말라!). 그렇지만 경우에 따라서는 다른 개체의 유전물질인 DNA를 받는, 유성생식에 가까운 생식을 하기도 한다. 이분법에 의해 바이러스의 DNA가 들어오는 형질도입과 죽은 또래 세균의 핵산을 받는 형질전환, 두 마리의 세균이 서로 맞붙어서 핵산을 교환하는 접합이 그것이다. 정상적인 동물의 교미나 식물의 수분 단계처럼 고급 수준의 방법은 아니지만 그래도 서로의 DNA를 교환하고 있다는 것은 세균 세계의 특이한 점이라 하겠다. 그리고 어떤 면에서 보면 이렇게 해서 새로 만들어진 세균은 유전적으로 형질이 전환된, 즉 변이가 이루어진 것이다.

　　먼저 형질도입(形質導入)부터 보자. 세상에는 1㎛밖에 안 되는 이 작은 세균을 잡아먹는 놈이 있으니 그것이 바로 바이러스라는 놈이다. 바이러스 중에서도 유독 세균에서만 번식(자기복제)을 하는 것이 박테리오파지다. 범을 잡아먹는 담보가 있다고 하더니만 세균을 잡아먹고 사는 바이러스가 다 있다! 동식물은 당연하고 세균에까지 달라붙어 새끼를 친다. 참 무서운 세상이로군. 이것이 박테리아에서 번식하면서(당연히 세균이 바이러스보다 덩치가 큼) 그것의 DNA를 가지고 나와서 다른 세균에 들어갈 때 앞 세균의 DNA를 전달하게 되는 것을 형질도입이라 한다. 한마디로 박테리오파지에 의해서 한 세균에서 다른 세균으로 DNA가 전달되는 것이다. 결국 세균 '유전자'를 전달하게 되고 따라서 그것을 받은 세균은 성질이 달라지고 만다. 한 바이러스는 다른 정해진 세균만을 공격한다니 이들의 세계도 그리 간단치가 않은 모양이다, 우리 눈에 잘 안 보여서 그렇지.

둘째로 형질전환(形質轉換)을 보자. 무슨 이유인지는 몰라도 세균은 주로 새벽이 지나면 죽어버린다고 한다. 죽은 세균의 세포막이 녹으면 DNA가 흘러나오는데, 이때 그 옆에 살아 있는 세균들은 이 '시체'를 써서 새로운 DNA를 합성한다. 그럼으로써 형질전환이 일어나는 것이다. 예로, 사람의 경우 항생제(抗生劑, antibiotics)를 많이 쓰게 되면 세균 중에는 돌연변이를 일으켜서 그 항생제에 대한 저항성(내성)을 갖는 놈이 생겨난다. 또한 성한 세균은 주변의 내성 유전자를 받아들이니 결과적으로 내성균은 자꾸만 늘어간다. 항생제를 쓸 때에는 끝까지 투약하여 내성균까지 씨를 말려버려야 하는 이유가 여기에 있다.

세 번째로, 세균도 유성생식의 하나인 접합(接合)을 한다. 두 마리가 서로 만나면(아무하고나 짝을 짓는 게 아니고 서로 궁합이 맞는 개체들이 있을지도 모를 일이다) 한 놈이 작은 실(돌기)을 내어 상대를 잡아당기면서 세포막에 구멍을 내고, 그 돌기를 구멍에 집어넣어 DNA를 삽입한다. 세균은 어느 것이나 생식에 필요한 커다란 1개의 염색체(染色體, DNA가 주성분임)

와, 항생제나 독·중금속 등의 악조건에서도 살아남는 저항성을 갖게 하는 둥근 고리 모양을 하는 DNA로 된 플라스미드(plasmid)라는 것을 가지고 있는데, 접합과정에서 염색체와 플라스미드 모두를 상대 세균에 넣어준다. 무슨 이런 요망한 짓을 요놈들이 한단 말인가. 무엇보다 내성균은 여러 가지 방법으로 생성되지만 특히 플라스미드를 구성하는 DNA의 바꿈이 직접적인 원인이 된다.

1940년대에 페니실린이 탄생하면서 항생제는 '기적의 약'으로 칭송받아 왔고 오늘도 저 많은 아픈 사람들의 생명을 구하고 있지 않는가. 그러나 '세월이 약'이 아니라 '독'이 되어서 내성이 강해진 결핵균 같은 놈들은 이제는 어느 항생제로도 말을 듣지 않기 시작하여, 세계적으로 결핵이 늘어나는 추세에 있다고 한다. *Staphylococcus aures* 같은 수퍼세균에 대해서는 오직 최고로 강력한 항생제인 뱅코마이신(Vancomycin)만 그 효과를 보인다고 한다. 사람은 새로운 항생제를 만들고 그러면 세균은 또 변하니, 이렇게 그들과의 싸움은 끝이 없다.

그러면 우리가 흔히 쓰는 항생제는 어떻게 세균을 죽일까? 항생제는 세균의 세포소기관인 리보솜(ribosome)에 달라붙어서 단백질 합성을 못하게 하거나(테트라사이클린), 세포막의 형성을 억제하여(페니실린이나 뱅코마이신) 종국에는 세균의 번식이나 성장을 억제한다. 그런데 세균도 만만한 놈들은 아니어서, 항생제에 마냥 당하고만 있지 않고 돌연변이를 일으켜 내성균(耐性菌, resistant bacteria)이 되어버린다. 내성균은 새로운 효소를 만들어서 항생제를 분해해서 무력화시키고(파괴를 막는다) 또 약을 변질시켜버리거나 불활성화시키고, 항생제가 세균에 붙을 자리(분자)를 바꿔버리거나 세포 내에 밀어내 버리기도 (pump out) 해서 항생제에 끄떡도 않고 살아남는다. 세균의 생존 작전 또한 우리의 상상을 초월한다! 재주가 용한 놈들이다.

여기에서는 세균이 어처구니없이 '죽일 놈'으로 깎아내려지고 말았는데 어디 생물이 해만 주는 법이 있는가. 이 세상에 필요 없는 것은 태어나지 않는다는 것을 알고 나면 미생물의 세계도 우리에게 가까이 다가온다. 몸에 이로운 세균이 우리 창자 속에 들어 있다는 것이나, 발효식품 등 우리와 모둠살이를 하는 공생세균(共生細菌)의 베풂도 모르고 인간은 세균을 단작스럽게만 여겨 어이없게도 '불결한 것'으로 치부해 버리고 만다. 하여 그들에게 미안한 마음 그지없다. 아무튼 세균도 짝짓기를 한다. 짝을 잃은 외기러기가 얼마나 서러운 존잰가. 하물며 혼자 사는 외톨이 사람이야 말해서 뭘 하겠나. 세균의 번식전략도 알아줘야 한다!

짚신벌레도 제 짝이 있더라!

여기 등장시킨 짚신벌레는 원생동물(原生動物)의 대표주자다. '원생동물'이란 말을 그대로 풀이하면 원시적인 생물이란 뜻이다. 이보다 더한 것으로도 바이러스나 세균이 있는데, 짚신벌레나 아메바가 섭섭해 하겠다. 바이러스는 단백질과 핵산으로만 된 것이니 차치하고, 세균은 이미 말한 대로 세포의 꼴을 갖췄지만 가운데 핵이 따로 없고 핵산이 사방에 퍼져 있어서 원핵생물이라 부른다고 했다. 그러나 원생동물은 떳떳하고 뚜렷한 핵을 가지고 있으니 진핵생물에 해당하는데, 세포 안에 핵막이 있어서 그 안에 유전물질인 핵산(DNA)을 담고 있다. 그러나 무엇보다 큰 원생동물의 특징은 단세포로 되어있다는 것이다. 그리고 이들의 주된 생식 방법은 이분법이다. 그래서 사람들은 '이분법적인 사고'라거나 '단세포적'이란 말을 알게 모르게 즐겨 쓰고 있는 것이다.

짚신벌레는 세포에 현미경으로 봐야 겨우 보이는 작은 털, 즉 섬모를 가지고 있어서 '섬모충'이라 한다. 섬모충류는 핵을 두 개 이상 가지고 있는 것이 특징이다. 짚신벌레는 단지 두 개, 즉 대핵(大核)과 소핵(小核)을 가지고 있는데, 생식에 관계하는 것은 소핵이라 이를 생식핵이라 부른다.

여기에서 하나 재미나는 것을 보자. '짚신벌레'라는 우리말 이름을 새겨보자는 것이다. 짚신이 뭔가? 짚으로 삼은 신, 초혜(草鞋)가 아니고 뭔가. 필자가 어렸을 때 삼아 신었던 그것을 닮은 벌레가 바로 짚신벌레이니, 우리말 이름 하나에도 역사와 문화가 배어 있다는 것을 알 수 있다. 찌들은 가난이 묻어있는 우리말! 만일 요새 이 생물이 처음 알려졌다면 그 이름은 아마도 '구두벌레' '짤짤이벌레' 정도가 되지 않았을까?

아무튼 세포가 하나인 이 벌레도 자식을 남기기 위해 번식을 한다. 보통 때, 먹을 것이 많고 온도가 적당한 좋은 환경조건에서는 역시 이분법으로 분열하여 번식한다. 몸의 한가운데가 반으로 쓱 잘라져서 둘이 되는 것이다. 그러나 환경이 여의치 않거나 늙어서는 두 마리의 짚신벌레가 짝을 짓는데, 이를 접합이라 한다. 그런데 묘한 것은 아무하고나 접합을 하는 것이 아니라 서로가 마음에(?) 드는 짝을 골라잡는다는 것이다. 이리저리 몸을 대보아서 짝을 고르고, 좋다 싶으면 둘이 서로 딱 달라붙어서 앞에서 말한 소핵을 서로 교환한다(말이 쉽지 이 과정도 길게 풀이할 수가 있다). 아무튼 소핵을 교환하고 떨어진 두 마리는 갑자기 생기(生氣)를 찾는다. 생기(生起)한 짚신벌레는 다시 이분법으로 손을 늘려간다. 참으로 묘한 생물이라 하지 않을 수 없다. 이런 예는 생물계에서 아주 드물다. 어쨌든 짚신만 짝이 있는 것이 아니라 짚신벌레도 제 짝이 있더라! 수많은 원생동물의 고약한(?) 생식법을 일일이 다 열거 못함을 양해하시라.

이분법이 무성생식법(無性生殖法)이라면 접합은 유성생식법에 해당한다. 이보다 더 재미나는 생식법이 있으니, 제 몸의 일부가 불룩 부풀어 나와서 그것이 떨어져버리는 출아법(出芽法)이 그것이다. 곰팡이 무리의 대부분이 이런 방법으로 번식을 하고, 그보다 고등한 생물인 히드라(hydra)도 그렇게 수를 늘린다. 물론 출아법도 무성생식이다. 사람도 이분법이나 출아법으로 번식을 했다면 이렇게 아웅다웅, 결혼이나 이혼이라는 것도 없었을 것을. 어쨌거나 눈에 겨우 보이는 짚신벌레도 짝을 찾아 헤맨다. 저 홑세포인 동물도 자식 퍼뜨리자고 그런단다!

지렁이의 짝짓기

'지렁이'(earthworm)란 말만 들어도 몸을 떨면서 움츠리는 사람이 있다. 말의 끝자리에 '~렁이'가 붙으면 어쩐지 꿈틀거리면서 가까이 다가오는 느낌이 들기에 그런 것이리라. 꿈틀하는 정도가 아니라, 튀어 오르듯 몸뚱이를 뒤틀면서 날뛰는 모습에 놀란 적이 있기에, 그것이 조건반사 중추에 남아서 지렁이라는 말만 들어도 움칠하게 된다. '우렁이' '구렁이' '능구렁이'……, 어느 것 하나 기분 좋게 들리는 것이 없지 않는가. 이름을 지은 사람도 똑같이 그런 감정을 가지고 있었을 것이다. 그렇다면 혹시 '지렁이'는 '땅[地]에 사는 징그러운 벌레'란 뜻으로 지은 것은 아닐까? 아마 맞을 거다.

아무튼 지렁이는 땅에 사는 것도 특징이지만, 생물학적으로 보면 몸에 여러 마디(체절)가 있는 것이 다른 동물과 가장 큰 차이다. 그래서 지렁이처럼 몸마디가 여럿 있는 것을 묶어서 환형동물(環形動物)이라 부른다. 바다에 사는 갯지렁이나 민물에 나는 거머리도 체절이 많기에 같은 무리에 넣는다. '환형'은 '고리 모양'이란 뜻이다.

그렇다면 지렁이의 체절은 과연 몇 개나 될까? 지렁이는 깨물지 않으니 가까이 가서 몸통의 양끝을 벌려 잡고서 하나, 둘 헤아려 가보자. 꿈쩍거려도 꽉 붙들고 헤아려 볼 것이다. 용감한 사람이 지구의 주인이 된다는 것을 생각하면서. 물론 지렁이가 얼마나 큰가, 즉 얼마나 성숙했는가에 따라 그 수는 다르다. 우리나라 지렁이가 다 자라면 길이가 30㎝에 달하고(열대 지방에는 4m나 되는 것이 있다고 함) 체절은 170개도 더 된다. 잘했다. 참 잘했다. 축하한다! 지렁이란 말만 들어도 몸을 떨던 여러분들이 이제는 지렁이와 친구가 되었으니 말이다. 이처럼 자연과 가까이 하는 것이 과학을 하는 첫 걸음임을 잊지 말고, 언제나 흥미를 가지고 자연과 친숙해져야 한다. 루소가 "자연으로 돌아가라"고 한 말이 바로 이 뜻이다. 하여, "우리 어린이를 자연으로 돌려보내자"고 외치는 분들의 소리에 귀를 기울여야 한다. 과학을 떠나서, 무엇보다 자연을 가까이 하면 심성이 고와진다. 철학이 그렇고, 시와 소설도 바로 자연에 있는 것이니…….

지렁이처럼 꿈틀거리며 움직이는 운동을 '꿈틀운동'(연동운동)이라 하는데, 우리의 창자에서 음식이 내려가는 것도 바로 지렁이 닮은 창자의 연동운동 때문이다. 마른 목에 커다란 과자가 걸려서 천천히 내려가는 것을 경험해 본 사람이라면 식도 근육의 연동운동을 느꼈을 것이다. 아무튼 지렁이는 앞으로 나가고자 한다. 그래서 일단 몸을 움직이고 나면 뒤로 밀리지 않기 위해서 마디마다 묶음으로 나 있는 털(강모)을 꼿꼿이 세워서 바닥에 박는데, 우리 눈에는 강모가 잘 보이지 않는다.

간단한 실험을 해보자. 신문지와 유리판을 준비하고, 그 위에 지렁이를 올려놓고 꼬리(뒤)를 잡고 잡아당겨 보자. 그리고 다음에는 반대(머리)쪽에서 끌어보자. 뒤에서 당길 때 종이 위의 지렁이는 잘 잡아당겨지지 않을 뿐더러 억지로 당기면 '싸

르륵' 소리가 난다. 털이 뒤를 향해 뻗어있어서 미끄러지지 않으려고 발버둥치는 소리다. 그러나 유리판에서는 털을 꽂을 곳이 없으니 앞에서 끌 때나 뒤에서 끌 때나 모두 쉽게 당겨진다. 그리고 머리 쪽에서 당길 때의 지렁이는 종이나 유리판 모두에서 쉽게 끌린다. 지렁이 몸에는 미끄러지지 않기 위한 장치가 있으니 그것이 털이고, 그것들이 뒤로 향하고 있다는 것을 알았다.

소리 없이 땅을 일구는 지렁이는 땅에 굴을 파고 헤집고 다니니 흙에 공기를 공급해서 좋다. 식물들은 뿌리로 숨을 쉬어야 하니 말이다. 그리고 가랑잎이나 유기물을 먹어 똥을 누어주니 흙을 걸게 해서 또 좋은 일을 하는 것이 지렁이다. 그런데 밤비가 흠씬 내린 아침 마당에는 어인 놈의 지렁이들이 그렇게 많이도 널브러져 있을까? 시골 마당이라면 닭들이 달려들어 먹어치우는데, 도시의 것들은 사람의 발에 처참하게 밟히고 있다. 지렁이는 땅 속에다 굴(집)을 파고 사는데, 그 굴에 비가 스며드니 살갗호흡을 하는 지렁이는 숨을 쉬지 못해 도망을 나온 것이다. 아뿔싸, 홍수에 수재민이 되고 말았구나!

여름 밤비가 흠씬 내린 날 아침이다. 가만히 창밖을 내다보니, 학교를 간다고 나서던 꼬마가 땅바닥에 엎드려 뚫어지게 내려다보다가는 갑자기 주저앉아 손으로 뭔가를 만지작거린다. 뭘 하나 궁금하여 고개 숙여 본 어머니는 질겁한다. 꿈틀거리는 지렁이를 아들 녀석이 집어올리고 있지 않은가. 반사적으로 앞집의 그 어머니는 아이의 등짝을 세차게 땅! 내려치

고서는 "이놈아, 더럽다"하고 냅다 고함을 내지르면서, 개 잡
듯 아이의 목줄기를 낚아채 끌고 간다. 녀석은 지렁이에 미련
이 남아 버텨보지만 엄마의 힘을 못 이기고 만다.

아뿔싸, 저러면 안 되는데……. 어머니가 저럴 수가 있나?
일부러라도 지렁이를 잡아다가 같이 매만지고, 또 관찰을 시
켜야 할 어머니가 아닌가. 아무튼 그 아이는 과학(관찰)을 하고
있었고, 그런 것에 한창 흥미를 느끼며 자라는 시기다. 어머니
는 저 연약한 '과학의 싹'을 잘 가꿔줘야 할 의무를 갖고 있다.
아무리 징그럽고 언짢아도 무럭무럭 자라는 '과학의 움'을 예
리한 칼, "하지 말라"는 말로 사정없이 자를 수 있나. 다치지
않을 정도라면 무엇이든 "해 보라"고 타이르는 부모, 용기를
주는 어머니의 자식 중에서 노벨상을 타는 학자가 나오는 법
이다. 달걀을 품고 있는 에디슨을 본 어머니가 "너 미쳤냐?"하
고 퉁 주지 않았다는 것을 명심하자. 어쨌거나 아이들은 흙을
만져야 한다. 자연으로 보내라! 루소가 부르짖지 않았던가,
"자연으로 돌아가라"고 말이다.

무엇보다 자연에 가까이 가는 것이 중요하다. '가까이 가는
마음'이 '관심'이고, '가까이 가서 보는 것'이 바로 '관찰'인
것이다. '가까이'가 얼마나 귀한 일인지 모른다. 어떤 일에 관
심을 갖는 것이 곧 '호기심'인 것이고, 호기심은 어린이의 특
권이다. 어린이가 갖는 호기심이 바로 동심(童心)인 것이요,
그런 동심 없이는 자연과 만날 수 없다. 하여 바로 동심은 시
심(詩心)으로 통하고 그것이 과학 하는 마음인 과학심(科學心)

인 것이다. 결국 과학과 시는 만난다. 다른 말로 하자면, 시인의 호기심으로 자연을 관찰해야 그것이 제대로 보인다는 뜻이다. 허 참, 철부지 동심에 과학이, 또 시가 들어있더라! 이는 어딘가에 필자가 썼던 글이다. 지렁이 타령이라 해두자.

지렁이 암수를 구별할 수 있는 사람은 없다. 왜? 지렁이는 한 몸 안에 난자를 만드는 난소(卵巢)와 정자를 만드는 정소(精巢)를 다 가지고 있기에 암수가 따로 없는, 자웅동체(雌雄同體, 식물에서는 '자웅동주'라 함)이기 때문이다. 앞에서도 말했지만 대부분의 하등동물(그네들은 그렇게 생각지 않음)들은 암수가 한 몸임에도 불구하고 서로 짝짓기를 한다. 그냥 제 난자와 정자가 수정을 하면 될 터인데 왜 그럴까? 그 이유는 앞에서 말했다. 자가 수정을 하면 형질이 나쁜 자손이 생긴다는 것을 식물도 지렁이도 다 귀신같이 알고 있기 때문이다.

그럼 지렁이의 앞뒤를 구분할 수 있는가? "쳐다보기도 징그러운데 그 짓을 어떻게 한담" 하고 물러서면 안 된다는 말을 바로 앞에서 했으매……. 바닥의 지렁이를 잘 보면 몸에 고리모양의 띠(환대, 環帶)를 볼 수가 있다. 그것이 한 쪽으로 치우쳐 있으니 그것과 가까운 끝자리가 입이요, 먼 곳이 항문이다. 기어가는 것을 봐도 그렇다는 것을 느낄 것이다. 그런데 꼬마 지렁이를 잡아보면 그 띠가 보이지 않는다. 그것은 지렁이가 다 커서 성적으로 성숙했을 때 생기는 기관이라 그렇다. 즉, 환대는 생식과 관계가 있는 것이다.

여름이나 가을 저녁 무렵 화단가를 거닐다보면 화단 쪽에서 부스럭거리는 소리를 듣는다. 지렁이들이 땅굴에서 목을 내밀고 가랑잎을 먹고 있는 것이다. 그때 전등을 비춰도 지렁이들은 개의치 않고 먹기를 계속한다. 이 말은 지렁이를 잡아두고 그것들이 짝짓기를 하는 것도 우리가 볼 수 있고, 사진도 찍을 수 있다는 뜻이다.

지렁이의 짝짓기를 보자. 마음이 맞은(?) 지렁이 둘이 가까이 접근하여 몸을 서로 맞댄다. 머리를 반대로 두고 몸뚱이를 붙이는 것이다. 그렇다고 지렁이의 교미기(交尾器, copulatory organ)가 따로 있는 것은 아니고, 몸에 나 있는 홈을 통하여 한 마리의 정자가 다른 놈으로, 다른 것의 정자는 상대방의 몸으로 흘러든다. 정자교환으로, 이것이 지렁이의 짝짓기다. 각각의 지렁이는 받은 정자를 주머니에 저장해 두었다가 난자를 산란하면서 그것과 수정시킨다. 그 다음엔 앞에서 말한 환대가 미끄러져 입 쪽으로 나오면서 여러 수정란을 싸서 고치 모양의 주머니를 만드는데, 지렁이는 그것을 땅 속에 묻어둔다. 거기서 어린 지렁이가 부화하여 나오니, 지렁이의 생식과 발생도 예사롭질 않다. 세상에, 미물인 지렁이 놈이 난자와 정자가 수정하는 양성생식을 하다니!

생식방법에는 이렇게 암수가 관계하는 양성생식, 그렇지 않은 이분법이나 출아법 같은 단성생식이 있다. 단성생식은 어미와 자식, 전대와 후대의 유전적인 특성이 꼭 같다. 다시 말해서 어미와 자식의 형질이 변함없이 그대로 전해진다. 반대로 암수의 형질을 가진 난자와 정자가 섞이는 양성생식을 하면 전·후대의 특성이 달라지고 바뀐다. 바뀜은 다름 아닌 진화인 것이고, 그러기에 생물들은 양성생식법을 선호하고 가능한 한 그렇게 하려고 애를 쓴다. 복잡하고 힘들지만 양성생식을 하는 이유가 거기에 있다.

그런데 사람에서 동성동본의 결혼 금기(禁忌)를 어떻게 해석해야 할까? 근친결혼을 했을 때 나타나는 '열성유전병'이 후대에 나타날 확률은 과연 계산상으로 어떨까? 자매간의 결혼에서는 4명 중 1명이, 8촌간에는 125명 중 1명, 14촌간이면 1만 6천 명 중 1명, 16촌간이면 6만 5천 명 중의 1명으로 일반적인 결혼에서 생기는 유전병과 대차가 없다고 한다. 그래서 16촌이 넘으면 근친결혼이나 원친(遠親)결혼이나 대차가 없다는 결론을 유전학적으로 얻는다(그렇다고 그것을 장려하는 것은 아님을 이해하시라).

사람이 나이를 먹으면 더러 혈관의 피가 응고되어 피의 흐름이 막히니 이를 혈전이라고 한다. 사람들은 지렁이에서 피를 굳지 않게 하는 성분을 뽑아내기 위해 일부러 대량으로 지렁이를 키운다. 그러니 지렁이야말로 지구를 살리고 사람을 살리는 동물이라 하겠다. 그런 지렁이도 짝짓기를 하더라!

거미의 섹스 전략

몸까지 바치는 수놈 거미!

암컷 거미가 짝지을 수컷 거미를 선택하는 방법에는 두 가지가 있다. 수놈과의 접촉을 오랫동안 거부하고 수줍어하는 행동을 하는 것이 첫 번째 방법이다. 이는 긴 약혼 기간을 강요함으로써 변절하는 수컷은 골라내고 성실함과 인내력을 가진 수컷을 고르기 위한 방법이다. 즉, 가정을 우선으로 하는 성실한 수놈을 고르자는 것이다. 수컷은 다른 암놈과 교미하는 것을 포기하고 구애(求愛) 때문에 많은 시간과 에너지를 쓰고 있기에 커다란 대가를 지불하는 셈이다.

'수줍어하는 전략' 말고 '경솔한 전략'을 쓰는 방법이 두 번

째이니, 누구와도 교미를 하는 것이 그것이다. 암컷은 수컷과의 교미에 동의하기 전에 수컷으로 하여금 집을 짓게 하여 많은 대가를 치르게도 하고, '구애급식'을 요구하기도 한다. 암컷이 새끼나 나타낼 법한 몸짓을 하면서 수컷에 먹이를 요구하는 것이다. 성인 여성이 어린이 같은 말투를 쓰거나 입을 비죽거리는 것을 남성이 귀엽게 봐주는 것처럼 말이다. 암컷은 알에 필요한 양분을 저장해야 하니, 수컷이 먹여주는 양분은 결국 알에 저장된다. 거미나 사마귀가 암컷에 먹히는 것도 일종의 구애급식이다. 수컷은 암컷의 먹이로 이용되어 난자의 생산을 돕고, 죽은 후에도 암놈의 몸에 들어있는 제 정자와 수정이 되니, 결국 몸으로 자식에게 투자하는 셈이다.

　"거미도 줄을 쳐야 벌레를 잡는다"고 한다. 맞는 말이다. 젊어서 땀을 흘려야 하고말고. 젊어 고생은 사서라도 한다. 흘리지 않은 그 땀은 늙어 모두 눈물이 되고 피로 바뀐다. 거미가 줄을 치는 것도 그렇지만, 그 줄에 먹이가 걸리길 얼마나 애태우며 기다리고 있겠는가. 다른 생물들이 사는 것에 비유하면 우리가 사는 것은 어린애 장난이요, 누워 떡 먹기다. 그래도 사는 게 힘들다고 야단들이니……. 골목 시장 길바닥에 앉아 봄배추와 가을풋고추를 팔고 있는, 허리는 굽고 더 굵어질 것이 없는 손마디를 지닌 할머니들이 내 '어머니 거미'가 아니고 무엇이겠는가. 풀숲에 숨어 먹이 걸리기를 째려보고 있는 저 거미와 갓 껍질 벗긴 도라지, 더덕 사갈 아주머니를 기다리는 저 할머니와 무엇이 다르단 말인가. 아무튼 거미나 사람이나 할 것 없이 삶은 투쟁의 연속이다.

물고기를 잡는 어부는 한 번 그물을 사면 꽤 오래 쓸 수 있지만, 거미는 보통 하루에 한 번 새집을 짓는다. 어떤 거미는 하루에도 다섯 번이나 줄을 걷어치우고 새로 그물을 친다. 비 오고 바람 부는 궂은 날에는 거미도 집짓기를 하지 않지만 비가 그치면 재빨리 다시 집을 짓는다. 먹이 그물을 새로 치는 것이다. 집안이나 정원의 거미집을 일부러 치워보면 알 수 있다.

그런데 몇 미터가 넘는 저 멀리 떨어진 나무 사이, 그 높은 곳에 커다란 거미집이 올려져 있는 것을 우리는 본다. 아무리 생각해도 불가능해 보이는데, 어떻게 저렇게 얽어놨을까? 이 나무에서 줄을 매기 시작하여 땅바닥으로 내려갔다가 저 나무 위로 올라가 줄을 잡아당겨 맨 것 같지는 않는데 말이다.

이 영리한 거미는 바람(미풍, 微風)을 이용한다. 일단 이쪽 나무 끝에 기어 올라가 번지(bungee: 열대 지방에 사는 식물로, 기다란 줄을 내리듯 자라는 덩굴 식물)점프를 하듯 꼬리에 실을 매달고 공중에 흔들흔들 떠 있다. 물론 네 쌍의 다리를 죄다 벌려 부력(浮力)을 높이면서 바람맞을 준비를 하고서 말이다. 왔다갔다 흔들리던 몸이 센 바람에 떠밀려 저쪽 나무 가지에 가 닿으면 거미는 잽싸게 나무를 움켜잡는다. 그리고 적당한 자리를 잡아서 줄을 당겨 잡아매니 두 나무 사이에 로프가 매어지게 되는 것이다. 어떤 거미는 바람을 타고 3㎞ 높이까지 떠올랐다가 300㎞나 되는 거리를 날아간다는 기록이 있을 정도다. 그러나 일반적으로는 가까운 나무 사이를 날아가는 것이 통례다. 아무튼 바람이 거미의 퍼짐(방산, 放散)에 얼마나 중요한 것인가를 짐작케 한다. 거미뿐만 아니라 대부분의 곤충들이 이 '바람 작전'을 쓴다. 필자도 경험한 일이지만 늦봄에 바람이 부는 날에는 난데없이 무당벌레가 온 감자밭을 뒤덮는다. 진딧물도 바람 부는 날에는 바람이 난다. 바람을 타고 멀리 날아가고픈 '바람'이 드는 것이다.

물론 많은 거미들이 몸을 날려 이렇게 이동하거나 집을 짓지만, 대부분의 것들은 단지 거미줄만 늘어뜨려서 다른 나무 가지에 줄을 달라붙게 하여 집짓기를 시작한다. 오랫동안 기다려도 성공하지 못하면 줄을 끌어당겨 먹어버리고, 다시 집을 짓는다. 하루에 제 몸무게의 15% 정도의 먹이를 먹어야 하는 놈이니, 단백질인 그 줄도 되먹어둔다. 사람 같으면 하루에 토끼 너덧 마리를 먹어야 하는 정도다.

이렇게 공중에다 널따랗게 공개적으로 집을 짓는 놈은 전체의 1/3 정도이고, 나머지는 땅에다 집을 짓는다. 관 모양의 덫으로 집을 지어놓고 그 안에 들어 있다가, 지나가던 먹잇감이 입구에 빠지면 재빨리 뛰어나와 덮친다. 또 다른 방법은, 이것과 아주 비슷하지만 굴 입구에다 먹이가 걸려 넘어지도록 실을 쳐 놓고 기다리는 것이다. 벌레가 그 실을 툭 차면 거미는 실의 진동을 느끼고 달려 나온다. 거미의 눈은 있으나마나 할 정도로 시력이 형편없다. 대신 거미는 주로 다리에 3,000개나 넘게 붙어 있는 센서로 진동을 느끼고, 그것으로 주변에 어떤 일이 일어나는가를 알아낸다.

그런가 하면 집을 접시 모양으로 엮은 후, 그 중간에서 그 것을 팽팽하게 잡아당기고 있다가 먹이가 가까이 왔다 싶으면 줄을 놓아서 벌레가 집에 달라붙도록 하는 놈도 있다. 또 어떤 놈은 3차원적인 집을 짓기도 한다니, 거미의 건축술과 먹이 잡는 기술은 알아줘야 한다.

그리고 거미 중에는 페로몬(pheromone)으로 나방이를 유인 하는 놈도 있다. 암놈 곤충이 풍기는 냄새(암내) 닮은 물질을 거미줄에 묻혀놓으면, 그 냄새를 맡고 달려든 수컷 나방이가 거미줄에 걸리게 된다. 그런데 하필이면 왜 수놈이 꼬드겨져 서 걸려드는 걸까? 아마도 그 반대, 즉 수놈 냄새를 풍겨놔도 암놈 나방이들은 찾아오지 않더라는 것을 거미도 알아서 진화 적으로 활용하지 않게 되었기 때문일 것이다. 실제로 나방이 무리에서는 암놈이, 나비 무리에서는 수컷이 성 페로몬을 주 로 분비한다. 그렇다면 그 냄새 물질을 인공적으로 합성하여, 나방이나 다른 유해 곤충을 유인하여 잡아 죽이는 데 상업적 으로 쓸 수도 있을 것이다. 이런 점에서 많은 연구실에서는 실 제로 다양한 연구가 이뤄지고 있다. 살충제를 쓰지 않고 곤충 을 구제(驅除)할 수 있으니 좋다.

거미는 일단 먹이가 줄에 걸리면 재빨리 달려가서 줄로 챙 챙 당겨 얽어매 놓는다. 다리를 이용하여 먹이를 뱅글뱅글 돌 려가면서(어지러워서라도 기절을 할 판!) 꽁꽁 묶고, 그것을 물 고 가서 숨겨놓거나 집의 중앙에다 매달아두기도 한다. 일반 적으로 거미는 먹잇감을 입으로 깨물지 않고 거미줄로 감아버리지만, 나비나 나방이 같이 비늘이 있어 도망을 가기 쉬운 먹이는 일단 물어서 독액을 집어넣어 마비시킨 다음에 거미줄로 감싼다(이때 사용하는 실은 집을 지을 때와는 아주 다른, 거즈를 닮은 실임). 그런데 먹잇감이 거미줄에 걸렸다 해서 모두 다 걸려드는 것은 아니다. 줄을 잘라버리고 도망가는 것이 80%가 넘는다고 하니 말이다. 파리만 해도 5초 내에 잡지 못하면 역시 날아가버리고 만다. 그래서 거미는 그렇게 잽싸게, 거미줄이 출렁하면 달려 나오는 것이다. 언제나 긴장해야 하는 거미다. 열대지방의 거미줄에는 큰 개구리도 걸려서 희생물이 된다는 것을 참고로 해두자. 필자가 어릴 때의 기억인데, 힘없는 참새 새끼가 왕거미의 거미줄에 걸려서 버둥거리다가 도망가는 것을 보았다 하면 거짓말로 느낄 독자도 있을 것이다. 왕거미가 얼마나 큰지를 요새는 볼 수가 없으니 거짓말로 여길 수밖에 없다.

그렇다면 거미는 그 진득한 자기 줄에 달라붙질 않을까. 녀석들은 자기가 주로 다니는 줄은 따로 끈적거리지 않는 것으로 만들고, 또 거미의 다리 끝에는 기름기가 있어서 거미줄에 붙지 않는다고 한다. 그런데 다른 곤충들에게는 이 거미줄이 거의 보이지 않는다고 한다(어떤 이는 거미줄에서 자외선이 뻗어나가 벌레를 유인한다는 이론을 내 놓기도 한다). 그러니 거미와 곤충 사이에서는 '진화상의 전쟁'이 치열한 것이다. 거미는 안 보이는 거미줄을 개발하고, 다른 녀석들은 그것을 빨리 알아 내려드니 말이다. 초파리만 해도 그렇다. 1초에 제 몸길이의 50배 정도의 거리를 나는 이놈은 거미줄에 아주 가까이(몸 길이의 3배 거리) 와서야 그것을 알아보고 방향을 튼다고 한다. 그리고 끈적거리는 거미줄은 아주 탄력성이 좋아서, 그냥 있을 때 길이의 네 배까지 늘어날 수가 있다. 커다란 매미가 날아와서 탁 걸렸다고 치자. 만일에 단단한 탄력성이 없는 줄이라면 끊어지고 말겠지만 거미줄은 그 충격을 견딜 수가 있다는 말이다. 하긴, 거미줄은 우리의 뼈보다 단단하고 강철이나 나일론보다 질기다고 하지 않는가. 그래서 거미줄과 같은 실을 개발하여 군인들이 입는 조끼를 만들고(총알이 뚫고 나가지 못함), 낙하산을 만들겠다는 야심에 찬 연구를 하고 있는 것이다. 연필 굵기 두께로 짠 실로 만든 그물이면 점보제트기도 멈추게 할 수가 있다고 하니, 역시 과학은 자연을 모방한 것이란 말이 맞다.

거미에게는 6개의 비단실 샘(silk gland)이 있는데, 이 샘들에서는 각각 성질이 다른 실을 만들어 방적돌기(紡績突起, spinneret)에서 그 실을 뽑아낸다. 물론 샘 속에 있을 때의 실은 액체 형태로 그 주성분은 아미노산(단백질)인데, 방적돌기에서 나오면서 굳어져 단방에 수소결합(水素結合)을 한다. 수소결합을 한다는 말은 조직이 아주 단단해진다는 것을 의미한다. 방적돌기에서는 실의 두께나 점도, 속도를 조절하는데, 만일 거미 몸에 중력을 가하면 거미는 두꺼운 실을 뽑아내고, 무중력 상태에 있는 거미라면 아주 가는 실을 뽑아낸다. 제주꾼인 거미, 알아줘야 한다.

곤충들이 제일 무서워하는 것은 거미다. 기록을 보면, 많은 경우에는 4,000㎡의 밭에 물경 200만 마리의 거미가 살고 있었다고 한다. 그만큼 먹을 것, 즉 다른 곤충들이 있었다는 이야기가 되는데, 거미들이 일 년간 잡아먹는 곤충들의 무게를 합치면 주변에 살고 있는 농부들의 몸무게를 모두 더한 것보다 무겁다는 결과가 나왔다 한다. 이런 생태계가 정상인데, 온 사방에 농약을 쳐대니 벌레는 물론이고 그것을 잡아먹는 거미까지도 몰살을 당하고 만다. 곡식이나 과일의 일부를 벌레들에게 양보하지 않겠다는 인간들의 과한 욕심이 이 지경을 만들어버리고 말았다. 하긴, 그렇게 하지 않고서는 이 많은 인구를 먹여 살릴 수가 없다는 문제도 간과할 수 없다.

아무튼 어부는 물에다 그물을 치고 거미는 하늘에다 비단줄을 펼쳐 놓는다. 나일론의 두 배, 철심의 4배나 질기다는 거미줄이다. 그런데 줄을 쳐서 집을 짓는 고된 일을 암놈이 주로 한다는 것이 어쩐지 예사로 들리지 않는다(다시 태어나면 수놈 거미로 환생하고 싶다!). 어릴 때는 커야 하기에 열심히 먹이를 잡았던 수놈은 성적으로 완전히 성숙하면 집을 짓지 않고 빈둥거리며 놀고, 오직 암놈 근방에 서성거리고만 있다. 물론 이제 교미만 끝내면 죽어버릴 수놈의 행태를 나무라고 싶지는 않다. 필자도 다 늙어서 언제 저승으로 갈지 알 수가 없는 처지에 있어, 수놈 거미의 그 심정을 이해하고도 남기 때문이다. 역시 그동안 고생하면서 살아온 수컷들이 아닌가.

그런데 암놈들은 늙어서도 왜 저리 쉬질 못하고 집짓기에 온 힘을 다 쏟고 있을까? 알을 만드는 데에는 에너지가 많이 드는데, 아직 그 일을 다 못 만들었기 때문이다(정자는 값싼 것이란 뜻이다). 단백질을 많이많이 먹어야 튼실한 새끼가 될 알을 여럿 만들 수가 있으니, 암컷은 죽을 때까지 그물을 치는 것이다.

그럼 본론인 '거미의 사랑' 이야기를 해보자. 거미는 약 4억 년 전에 곤충과 같이 이 지구에 등장하였다. 거미는 뭐니 해도 날개가 없지 않는가. 따지고 보면, 날개를 가지게 된 곤충들이 공중에까지 행동 범위를 넓히자 거미는 되레 숨어 지내게 되었고, 그물을 치게 되면서 공중에도 자리를 잡았던 것이다. 지금까지 알려진 거미만도 35,000종이 넘는데, 어떤 이는 135,000종이 넘을 것으로 추산한다.

거미가 이렇게 많다보니 구애(求愛, courtship) 방법 또한 매우 다양하다. 수놈 거미가 따로 교미기를 갖는 것은 아니고, 머리에 붙어 있는 제2부속지(附屬肢, 다른 곤충에서는 작은 턱에 해당)인 각수(脚鬚, 다리수염)가 변형되어서 정자를 모아두는데, 이것이 일종의 교미기다. 짝짓기가 가까워 오면 수놈은 특수한 '정자집'(sperm web)을 만드는데, 정자가 들어있는 액을 그 안에 한 방울 떨어뜨리고 그것을 각수로 잡아당겨서 암놈의 질(膣)에 집어넣으니 이것이 거미의 교미다.

물론 구애 방법은 종마다 조금씩 다르다. 대부분의 수놈은 온 사방을 돌아다니면서 임놈을 찾는데, 암놈이 쳐놓은 거미줄을 따라가면서 실만 보고도 같은 종의 암놈인지, 성적으로 성숙한 암놈인지, 또 교미 준비가 된 놈인지를 알아낸다. 아마도 페로몬 냄새를 맡고 인지하는 것 같은데, 어떤 거미(예를 들어 jumping spider)는 눈으로 알아차리기도 한다.

거미의 구애를 구체적으로 몇 가지만 보자. 어떤 종의 수컷들은 암놈을 만나면 구애고 뭐고 없이 막무가내로 달려들어 짝짓기를 해버리기도 하고, 자신을 먹잇감으로 잘못 안 암놈에게 먹혀 버릴까봐 그것을 예방하기 위해 조심스럽고 정교한 구애를 하는 녀석들도 있다. 정자집을 끄집어내어 율동적으로 흔들어대는 놈, 다리로 암놈을 톡톡 두드리거나 세게 치는 놈, 각수를 암놈 앞에서 흔드는 녀석, 마른 이파리를 부드럽게 두드려 소리를 내어 암놈을 유인하는 녀석 등 수놈들의 구애 방법은 정말 다양키 짝이 없다. 암놈을 봤다 하면 저돌적으로 달려들어 줄로 돌돌 말아버리는 녀석도 있다. 보쌈을 하는 것이다. 암놈은 얼마든지 도망칠 수가 있지만 교미가 끝날 때까지 가만히 있는다(내숭을 떠는 암거미!). 그런가 하면 벌레를 한 마리 잡아 실로 말아서 그것을 암놈에게 선물하는, 아주 유치하기 이를 데 없는 수거미도 있다. 암놈이 그 벌레를 먹고 있는 동안에 짝짓기는 끝이 난다. 만일에 벌레를 잡지 못하면 잔자갈을 줄로 싸서 암놈에게 준다(아니 그럼, 암컷은 자갈을 씹어 먹고 있는 것일까?). 더 기이한 일을 하는 수컷이 있으니, 암컷에게 잡아먹히는 것이 겁나서 교미를 하는 동안에 암놈의 턱을 물어서 못쓰게 만들어버리는 수컷이 그것이다. 이런 야만적인 수놈이 어디 있나! 독자 여러분이 구애를 한다면 어느 수단을 쓰고 싶은가. 남심(男心)과 여심(女心)이 여기에 다 들어 있으니 잘 골라볼 것이다.

짝짓기로 씨를 받은 암놈은 무슨 짓을 하고 있을까. 알을 담을 고치주머니 만들기에 바빠서 온 힘을 다 쏟아 붓는다. 고치 모양을 한 알주머니 하나를 만들어서 거기에 몇 개 또는 수천 개의 알을 넣기도 하지만 여러 개의 알주머니를 만들어 몇 개씩 집어넣기도 한다. 많은 암놈은 알주머니에 알을 낳은 다음에 바로 죽어버리지만, 어떤 놈은 알에서 깨어난 새끼를 보살핀 후에 죽는다. 그런가 하면 어떤 종은 10년, 길게는 25년을 사는 것도 있다. 인명만 재천인 줄 알았더니만 거미도 그렇다. 하기야, 요새는 하도 차 사고가 많아서 '인명재차'(人命在車)란 말도 생겨났다.

알주머니는 일반적으로 구형이거나 원반 모양인데, 거미는 알주머니를 돌에 붙이고 거미줄로 덮어둔다. 여기저기에 알집을 붙여두니 '거미 알 슬 듯' '거미 알 끼듯'이란 말이 생겨났을 것이다. 그런가 하면 어떤 암놈은 알주머니를 턱이나 방적돌기에 달고 다닌다(그러다가 알주머니를 잃어버리는 날에는 사방을 찾다가 돌멩이나 종이를 주워서 역시 방적돌기에 붙인다. 이것도 지고지순한 모성애의 발로일 것이다. 그 모질고 독한 모성애 말이다). 어미 거미는 그렇게 고치 주머니를 달고 다니다가 알이 부화하여 새끼가 나올 즈음이면 이빨로 고치를 물어뜯어서 새끼들을 흘러나오게 한다. 물밀듯이 사방으로 퍼져 나가는 새끼거미를 상상할 수가 있는가? 필자는 시골 뒷간에서, 또 밭

고랑에서 그들의 행진을 자주 보았다. 거미를 잡아서 일부러 고치를 찢어버리거나 뜯어버리는 장난도 서슴지 않았지만, 지금은 그 짓을 못하겠다. 늙어봐야 생명의 고귀함을 느낀다. 집 안에 들어온 거미 한 마리도 다치지 않게 잡아서 밖에다 버리게 되더라는 말이다. 제 죽을 때가 가까워봐야 철이 드나보다.

그 무서운 거미에도 천적이 있다. 말벌(wasp)이 그놈이다. 가느다랗고 길쭉한 다리를 가진 말벌이 거미를 덮치더니, 꼬리의 침으로 입 부위를 한 대 쏘아버린다. 갑자기 거미가 맥을 못 추고 멍하니 제자리걸음을 한다. 조금 후 말벌이 거미의 뒷부분을 감아 제치더니 예리한 산란관(産卵管)으로 복부를 찔러 거미의 몸 안에 알을 낳는다. 말벌들은 어느 것이나 곤충의 애벌레를 잡아서 알을 깔기는데, 이 말벌은 거미 성충에다 알을 낳는다. 다시 말하지만 어떤 말벌은 반드시 정해진 어떤 벌레에다 알을 낳으니 이를 '종 특이성'이라 하는데, 이는 곧 기생충과 숙주는 천생연분처럼 서로 짝이 정해져 있다는 말이다.

10~15분 정도가 지나면 거미가 정신을 차리고 일어나 정상적인 생활을 시작한다. 제 뱃속에 자기를 잡아먹을 놈이 들어있는 것도 모르고 말이다. 아무튼 말벌의 유생들은 이틀 후면 알을 깨고 나와 거미의 피를 빨기 시작하고, 얼마 지나면 거미의 껍질을 뚫고 나와서 등짝에 더덕더덕 달라붙는다. 그래도 거미는 그것을 아는지 모르는지(물론 알겠지) 여전히 제할 일을 다 하고 있다. 열심히 집을 짓고, 먹이를 잡아먹고 있는 것이다.

그러나 "정해진 날은 오고야 만다"고 했듯이, 거미의 행동이 달라지기 시작한다. 기생충이 숙주의 행동을 조절하는 단계에 접어든 것이다. 즉, 숙주는 기생충이 하자는 대로 행동한다. 이와 비슷한 예는 얼마든지 있다. 임신 초기에 입덧을 하는 것도 태아(기생충?!)가 숙주, 즉 모체로 하여금 금식을 하게 하여 일어나는 것임을 우리는 잘 알고 있다. 어쨌든 거미는 밤에는 집을 짓지 않는다고 했는데, 이 정신 나간 거미는 밤중인데도 왔다갔다 서둘러 집을 짓고 있다. 하고 싶어 하는 것이 아니다. 오직 말벌의 애벌레들의 명령에 따라 하는 짓이다. 가만히 보니, 거미에게는 전연 쓸모없는 얼토당토 않는 몇 줄의 억세고 괴상한 거미줄을 만들어놓고 있지 않는가. 이 줄은 말벌 애벌레에게 필요한 것이다. 이제 거미는 움직임을 멈추고 조용히 줄의 가운데에 가서 매달려 있으면서 그저 죽음을 기다리고 있는 것이다. 불쌍한 거미의 일생!

대낮이 되어 살 찐 오이 닮은 유생들이 달려들어 거미 살점을 다 뜯어먹으면 거미는 말라빠지게 된다. 이제는 이것들이 줄을 칠 차례다. 밤이 오면 애벌레들은 고치를 치면서 거미줄에다 작은 고치를 매달게 된다. 굵은 거미줄에 줄줄이 매달려 있는 말벌의 고치들이 크리스마스 장식을 해둔 것 같다고 어떤 이는 쓰고 있다. 그러나 그게 어디 그런가. 거미의 원혼(冤魂)이 매달려 있는 것이지. 어쨌거나 고치 속의 애벌레는 번데기로 변해가며 말벌로 빌생이 진행된다. 머지않아 새벽녘에 그 고치에서는 다 자라 성충이 된 말벌이 나와서, 나오자마자 짝짓기를 할 것이다. 그중의 암놈은 또 알을 낳을 거미를 찾아 나설 것이다. 이것이 자연의 순리이다. 어미 말벌이 낳아준 어머니라면 거미는 키워준 어머니렷다!

물 속 동물들의 사랑

물고기는 조개에, 조개는 물고기에 새끼를!

큰 나무 한 그루로는 숲이 되지 않는다. 창성(昌盛)한 숲에서는 커다란 나무는 물론이고, 애솔에 작은 나무, 머루, 다래, 칡넝쿨이 나무를 휘감고 오르고, 바닥에 사는 고사리에다 버섯까지 어우러져 산다. 나무 위에서는 산새들이 지저귀고 청설모, 다람쥐가 그네를 탄다. 흙에는 지렁이, 지네가 들끓고 곰팡이, 토양세균이 그득하다. 그야말로 생물은 홀로 살 수 없는 것이니, 독불 장군 없다는 말을 되새기게 된다.

무슨, 제목에 어울리지 않는 시시한 말을 처음부터 장황하게 늘어놓느냐 하는 생각이 들 것이다. 옳은 말이다. 그러나 생물계는 따로 혼자 존재하는 것이 아니라, 서로 더불어 뒤얽혀 산다는 이야기를 하기 위함이다. 어려운 말로 공생(共生), 상생(相生)한다는 의미리라. 사람도 마찬가지가 아닌가. '나'라는 한 존재를 중심으로 보면, 좋은 일로든 궂은일로든 다른 존재와 어느 하나 안 맺어진 것이 없다. 우주의 중심에 내가 서 있는 것처럼 보여도, 실은 인연의 그물에서 한 코를 차지하고 있을 뿐이다.

제목의 내용으로 돌아가서, 어떻게 생물들이 서로 도우면서 공생을 하고 있는지의 예를 물고기 몇 종과 조개 몇 가지와의 관계를 통해 살펴보려 한다. 이것은 대 자연계에서 일어나는 일들의 극히 작은 한 구석임을, 역시 얼기설기 엮인 그물의 외코임을 밝혀두면서.

우리나라 강에는 물고기와 조개(껍데기가 두 장인 조가비)가 살고 있는데, 물고기 중에는 조개가 없으면 살지 못하는 것이 있다. 크게 말해서 납줄갱이 무리 12종(각시붕어, 흰줄납줄개, 납줄개, 납줄갱이 등등)과 중고기 무리 2종(중고기, 참중고기)이 그들이다. 이 물고기는 반드시 알을 조개 몸속에 낳기 때문에 조개 없이는 살지 못한다니, 놀라 자빠질 일이다. 이 나라의 강물에 사는 물고기 150여 종 중에서 14종이 그렇다면 전체의 근 10%에 해당하지 않는가. 그러니 강이 오염되거나 강바닥을 박박 긁어버리면 어류만 다치는 것이 아니라 조개가 죽어나고, 따라서 조개에 산란하는 물고기도 살지 못한다.

물고기가 알을 낳는 조개도 정해져 있어서, 껍질(패각)이 딱딱하여 석패과(石貝科)라 부르는 것에만 산란을 한다. 석패과 조개는 우리나라에 넉넉잡아 10종 넘게 산다. 두드럭조개, 대칭이, 펄조개, 귀이발대칭이, 말조개 등이 여기에 해당한다. 석패과는 물론 껍질이 두 장인 이매패(二枚貝)로, 발이 도끼를 닮았다 하여 부족류(斧足類)라고도 한다. 석패과 조개는 다른 것에 비해서 껍질의 안쪽 진주층이 유별나게 영롱한 색을 발하기에 중국 등지에서는 민물진주(담수진주)를 만드는 모패(母貝)로 쓰기도 한다. 진주를 머금은 진주조개는 얼마나 쓰리고 아프겠는가. 그런 아림 끝에 영롱한 방주(蚌珠, 진주)를 낳는다. 하루에도 열두 번씩 토해버리고 싶지만 참고 참으면서 아픔을 품어주는 진주조개! 진주를 장수와 건강의 상징으로 삼는 이유가 거기에 있는 것일까.

중국 항주에 갔을 때, 안내원들을 따라 호수의 민물조개에서 키운 진주를 파는 곳에 갔던 적이 있다. 양식진주(인공진주)는 바다의 진주조개나 민물의 진주조개 무리에서 얻어지는데, 진주를 얻는 방법은 대차가 없다. 천연진주가 어떻게 생기는 것인지를 알면 이해하기가 쉬워진다. 이렇든 저렇든 조개 몸에 들어온 이물(異物)이 외투막(外套膜)과 껍질 사이에 끼어들게 된다. 외투막은 껍질을 싸고 있는 얇은 막으로 조개껍질을 만들어내는 곳인데, 밖에서 들어온 이물질 둘레에도 진주 성분을 분비하여 더께더께 감싸 나가고, 그렇게 세월이 가면서 두꺼운 진주가 만들어진다. 우리 몸도 마찬가지라서, 살에 가시가 하나만 박혀도 가만히 있지 않고 가시 둘레를 딱딱한 물질이 싸서 무독화(독을 없애는 일)를 시킨다. 전쟁터에서 살에 박힌 총알을 그대로 지니고 사는 상이용사들이 많은데, 그것은 그 탄피 둘레가 딱딱하게 석회질화(石灰質化)되어서 주변의 조직에 해를 끼치지 않도록 몸에서 조절한 생리현상 때문이다.

이물 대신에 일부러 두꺼운 조개껍질을 동그랗게 갈아서 그 알갱이(핵이라 부름)를 조가비 아가리를 벌리고 외투막과 껍질 사이에 끼어 넣고 닫아버리면, '가시와 탄피'가 몸에 들어온 것으로 인식한 모패에는 비상이 걸린다. 그래서 외투막에서 진주 성분을 분비하여 핵을 무독화시킨다. 그것이 차곡차곡 쌓여서 몇 년이 지나면 커지고, 그래서 상품가치를 가졌다 싶으면 조개를 잡아 껍질을 열고 진주를 수확한다. 이것이 양식진주요 바로 인공진주인 것이다. 진주성분이란 특별한 물질이 아닌, 탄산칼슘($CaCO_3$)에 단백질 성분이 약간 섞인 것일 뿐이다. 탄산칼슘이 별 건가, 석회가루가 아닌가. 그걸 좋다고 여성들은 진주만 보면 정신을 잃고 혼이 빠져버린다. 사족을 못 쓴다는 말이 맞나?

다시 본론을 이어가자. 조개는 몸에 물이 들어가는 입수공(入水孔)과 물이 나오는 출수공(出水孔)이라는 두 개의 구멍(관)을 가지고 있다. 조갯국을 먹을 때도 조갯살을 잘 들여다보면 단방에 입수공과 출수공을 알 수 있다. 위쪽에 있는 것이 출수공이고 아랫것이 입수공이다. 물이 아래쪽으로 들어가서 위로 나온다는 말이다. 간단한 것 같지만 이렇게 너절하고 길게 설명을 하는 데에는 다 이유가 있다.

산란기가 되면 이들 물고기의 암놈은 항문 근처에서 아주 기다란 줄을 늘여내니 그것이 산란관(産卵管), 알을 낳는 관이다. 헬리콥터가 동아줄을 내리고 날아가는 모습에 비견될 수가 있는데, 아마도 모르는 사람이 보면 "저런! 창자가 비껴져 나왔군" 하고 생각할 것이다. 알 낳을 때가 아주 가까워지면 산란관 안에는 알이 염주처럼 줄줄이 들어있다. 아무튼 이 물고기들은 다른 것들과 달리 조개의 입수공 안에 산란관을 집어넣어 산란을 한다(중고기 무리는 출수공에 산란함). 어찌하여 이런 적응(適應)을 했을까?

'산란관'에 관한 설명을 조금 더 보태보자. 귀뚜라미나 메뚜기의 암놈도 이런 산란관을 흙에 꽂아 넣어 알을 낳고, 말벌도 곤충의 애벌레 살에 산란을 한다. 산란관은 알집(난소)에 연결되어 있는데, 알을 낱낱이 낳고 산란철이 지나고 나면 몸 안으로 빨려 들어가고 만다.

산란철이 되면 수놈도 바빠진다. 그리고 무척 사나워져서 눈을 부릅뜨고 부리나케 이리저리 돌아다니면서 지느러미 결을 비쭉비쭉 세우는 횟수가 늘어만 간다. 텃세를 부리느라 그렇다. 꼽사리꾼들이 슬금슬금, 제가 닦아놓은 터의 금을 넘어오는 날에는 대뜸 몸을 날려 걷어차 버린다. 주둥이로 상대를 찍어버리는 것이다. 그리고 몸은 현란한 색깔로 탈바꿈한다. 산란기에 수놈의 몸 색이 밝고 원색으로 진해지는 것을 '혼인색(婚姻色)을 띤다'고 하는데, 암놈들은 진한 혼인색을 가진 수컷을 고른다. 그 색의 짙기가 곧 건강의 정도를 뜻하기에 그렇다. 가능한 좋은 유전자를 가진 짝을 골라야 튼튼한 자식을 낳는다는 것을 물고기 암놈들도 훤히 다 알고 있다. 수놈들도 건강하고 잘 생긴 암놈을 만나고 싶어 하는 것은 당연지사다. 하여 걸려든(?) 암놈을 여태 눈여겨봐 두었던, 조개 있는 곳으로 인도한다. 도닥거려주는 수놈 꽁무니를 따라 나선 암놈은 조개를 발견하고는 멈칫거리다가 그 둘레를 빙글빙글 돈다. 제가 태어난, 저를 키워준 모패, 어머니 조개가 아닌가! 수놈은 조개 옆으로 다가가서 애걸복걸 암놈의 산란을 재촉한다. 몸을 뒤흔들기도 하고, 전신을 바르르 떨어가면서까지 말이다. 새끼치기가 뭣이기에 이렇게 힘들고 요란스러울까.

드디어 때는 왔다(제발 독자들은 '감동하는 마음'을 잃지 말라). 헬리콥터가 밧줄을 내려서 물에 빠진 사람을 건져 올리듯, 조용히 조개에 다가간 암놈이 몸을 살짝 내려 산란관의 끝을 조절하여 조개의 입수공에 꽂고서는 배에 힘주어서 알알이 알들을 쏟아 붓는다. 암놈은 이런 짓을 여러 번 되풀이하여 몸속의 알을 모두 비워버린다. 이때 더 바빠진 놈은 바로 수놈 물고기다. 녀석은 산란관이 없는데 어떻게 정자를 뿌리는가 하면, 입수공 입구에 허연 우유색의 정액을 단방에 그득 뿌려버린다. 그러면 조개가 입수공으로 물을 빨아들일 때 함께 정자가 쓸려 들어가서 알과 만난다. 탄생의 역사는 그렇게 조개 몸안에서 전개되는 것이다.

수정란은 딱딱한 껍질을 가진 조개 속에서 발생하여 근 한

달 후에 자립이 가능한 치어가 되어 나온다. 조개가 알을 보호해 주니 다른 물고기에 잡혀 먹히지 않고 고스란히 다 큰다. 강물에는 조개를 통째로 잡아 삼키는 동물이 없지 않은가. 그래서 이 물고기는 돌 밑이나 수초에 알을 낳는 물고기들에 비해 적은 수의 알을 낳는다. 낳은 알은 모두 다 살아나오니 많은 알을 낳지 않는 것이다. 사람으로 치면 요새는 유아 사망률이 낮으니 아기를 덜 낳는 것이나 다를 게 없다. 돌림병으로 대여섯을 낳아야 하나 건지던 옛날엔 그래서 수초에 산란하는 물고기처럼 다산을 하였다.

여기 하나 더 첨언해야 할 것이 있다. 앞에서 물고기 두 무리가 조개에 산란을 한다고 했다. 그런데 산란관을 내어서 산란한다는 점에서는 이들이 서로 같은데, 납줄갱이 무리는 입수공에, 중고기는 출수공에 알을 낳는다는 것이 다르다. 입수공에 낳은 알은 조개의 아가미관에 들어가게 되고, 출수관으로 들어간 것은 외투강(조개 안의 빈 공간)에 놓이게 된다. 아가미에 여러 마리의 물고기 새끼가 끼어드니 당연히 조개는 숨쉬기에 지장을 받지만, 역시 토하지 않고 품어준다. 그리고 그 속에서 한 달여 지낸 치어는 나올 때도 들어간 구멍으로 나온다.

아무튼, 세상에 어디 공짜가 있는가. 생물들은 반드시 갚음을 한다. 앙갚음이 아닌 보은, 은혜를 되돌려 준다는 말이다. 사랑도 주는 것만큼 받고 받은 것만큼 준다고 했다. 이것이 상생인 것이고, 생물학에서는 이를 공생이라 한다. 공생이란 다 알 듯이 서로 이익을 주고받으면서 더불어 살아가는 것을 말하는데, 두 쪽 모두 득을 얻는 상리공생(相利共生), 한 쪽만 이득이 생기고 다른 쪽은 이득도 손해도 없는 편리공생(片利共生)으로 나뉜다. 한 쪽은 득이 있고 다른 쪽은 손해를 볼 때 이를 기생이라 하지만, 넓고 큰 '우주적인 관점'으로 보면 기생까지도 공생이고 상생이다.

어쨌거나 세상에 공짜는 없다. 공짜를 만나기는 아마도 여드름 난 수녀 보기만큼이나 어려울 것이다. 뜻밖에도, 어이없는 일이 또 하나 벌어진다! 이제는 조개가 물고기에게 신세를 지는 것이다. 아니, 조개가 본전을 뽑을 차례다. 여기서 말하는 조개 또한 물고기 없이는 살지 못한다. 조개 중에서도 물고기에 알을 붙여서 일정한 기간 자란 후 떨어지게 하는 것이 있다. 앞에서 이야기한 말조개, 펄조개들의 석패과 조개가 그것들이다. 물고기는 조개에게, 조개는 물고기에게 알을 붙여 놓는다. 천생연분이란 이런 것이리라. 어쩌다 이런 상생의 진화를 했단 말인가! 총명하고, 영오(穎悟)하고, 영철(英哲)한 것들!

물고기와 조개의 산란 시기는 비슷한데, 물고기가 알을 낳는 순간 조개 역시 세차게 알을 내뿜어낸다. 여기서 조개의 '알'이라고 했지만, 사실은 이미 발생이 꽤나 진행된 '유생'(유패, 幼貝)이란 말이 맞다. 왜냐하면 둥근 알은 물고기에 붙을 수가 없기 때문이다. 여기에 글로키디움(glochidium)이라 불리는 조개의 유생은 남다르게 이미 두 장의 여린 껍질을 가지고 있고, 껍질의 끝에 있는 아주 예리한 갈고리로 물고기의 지느러미나 비늘을 콕 찍어서 찰싹 달라붙는다. 거기서 끝나지 않고 조개의 유생은 물고기의 살 속에 뿌리를 박아 피를 빨아먹으며 거의 한 달간 물고기에 붙어살다가 강바닥에 떨어진다. 조개는 물고기에게 감사할 일이다. 물고기에서 양분을 얻어서 큰 것도 고맙지만, 굼떠서 이동을 많이 못하는 조개는 멀리 왕래하는 물고기에게 새끼들을 붙여 보내니 멀리멀리 자손을 퍼뜨릴 수가 있는 것이다. 푸른 꿈을 품고 표표히 대모(代母)인 물고기를 떠나는 조개 새끼들! 대모의 은혜를 잊지 않겠지? 나중에 다 자라서 물고기의 알을 안아주고 품어줄 너란다. 배은망덕(背恩忘德)은 인간의 전유물이니까. 이런 경우 우리는 이를 교묘하다고 해야 하는가, 오묘타 해야 하는가. 아니면 꾀보라는 뜻, 모려(謀慮)하다는 말이 맞는가? 한 마디로 신비로운 생활사를 지닌 두 동물이다! 물고기는 조개에 알을 낳고 조개는 새끼를 물고기에 달라 붙이는 이 공생세계를 어찌 신묘타 하지 않을 수 있겠는가.

이러하니, 강물의 조개가 없어지면 따라서 물고기가 사라지고, 물고기가 줄면 조개도 떠나고 만다. 이것이 같이 살아가는 공생의 의미다. 그러니 한 생물이 멸종된다면 얼마나 복잡한 여파가 있겠는가. 우주에 흔들림이 일고, 도미노 현상이 일어나고 만다. 우주의 일부가 사라지는 것이니, 생물 하나를 잃는 것은 우주를 잃는 것과 마찬가지다.

그런데, 비록 서로 의지하고 돕고 산다지만 거기에는 약간의 희생이 따른다. 물고기가 조개의 몸속에 알을 너무 많이 낳으면 조개는 질식할 정도로 숨이 차오르고, 너무 많은 조개 유생이 물고기에게 억수로 달라붙으면 물고기는 양분을 다 빼앗겨서 황천으로 떠나버리는 일도 더러 일어난다. 그래도 둘은 서로에게 없어서는 안 되는 존재들이다. 가족이나 이웃 관계도 이런 것이다. 서로 뒤엉켜 알콩달콩 사이좋게 돕고 살아야 한다는 상생의 의미가, 또 이유가 여기에 있다. 조개와 물고기의 서로 돕기를 닮아보자. 떨어져선 못 사는 조개와 물고기도 아픔을 참고, 나누며 살고 있더라. 동고동락이 거기에 숨어 있었구나!

붕어와 미꾸리의 '동적이고 강열한' 구애행위

구애행위를 전희(前戱)행위라 불러도 될 것이다. 동물들은 교미를 하기 전에 여러 형태의, 나름대로 다 다른 전희라는 의식(?)을 한다. 이것을 어떻게 해석해야 하는가. 상대를 흥분시켜서 암놈에게 산란을 서둘게 하는 것이 전희의 목적이다. 사람에서도 서로 붙들고 몸을 만지고, 입을 빨고 하는 행동 따위는 다 산란을 촉진시키기 위한 것이렸다!

붕어는 암수의 산란행위가 요란하기로 이름이 나 있다. 다음의 '붕어사랑' 이야기는 전북대학교 김익수 교수가 관찰한 것을 옮겨온 것이다.

붕어는 수온이 올라가는 5월경에 주로 산란을 하니, 때가 왔다 싶으면 흩어져 살던 놈들이 물살이 거의 없는 물가로 몰려든다. 어느 동물이나 짝짓기를 할 때면 암수가 한 곳에 떼를 지으니 그럼으로써 암수가 쉽게 만날 수 있게 된다. "이른 새벽 5시쯤에 암놈이 앞 달려 나가면 수놈들이 뒤따르는 산란행위를 시작하여 9시가 다 되도록 물살을 가르면서 쫓고 쫓김을 쉬지 않는다. 얼마나 세차게 달려 나가는지 물방울이 소나기 오듯 튀어 오른다." 자식들, 힘도 좋고 사랑의 시간도 길기만 하다. 진이 다 빠지고 나면(아니, 흥분이 극에 달하면) 암놈들은 수초의 잎이나 뿌리에 알을 심고 수놈들은 뒤따라가 정기를 불어넣는다. 배불뚝이 아주 큰 암놈 한 마리가 물경 15만 개의 알을 여기저기에 낳는다고 하니 그것을 다 뿌리고 나면 홀쭉이가 되고 만다. 아기를 낳은 산모의 배처럼 말이다. 정기를 받은 수정란이 20℃ 근방의 온도에서 일주일 정도를 보내면 벌써 앙증맞은 새끼가 살랑거리면서 사방을 두리번거리기 시작한다. 얼마나 그 눈엔 이 세상이 신비롭게 보일까. 나중에는 이 세상이 얼마나 험한지를 알게 되겠지만.

미꾸리와 미꾸라지 놈들의 사랑은 어느 동물보다 동적이고 강렬하다. 이 동물은 암수가 따로 있는데, 가슴지느러미 가장자리 끝이 뾰족한 것이 수놈이다. 그런데 암수에 차이가 나는 것은 절대로 우리를 위함이 아니다. 서로가 이성을 알아내므로 쉽게 짝을 찾기 위한 것으로, 동성의 것들을 피하거나 쫓아버리기 위해서 성의 분화, 즉 이차성징(二次性徵)이 나타나는 것이다.

두 해만 자라면 이들은 성적으로 완전히 성숙하여 산란을 한다. 산란기(4월에서 7월)가 되면 암놈 주변에 몰려온 여러 마리 수컷들은 주둥이로 암놈의 항문이나 아가미, 봉긋 솟은 가슴빼기, 탱탱하고 불룩한 배 바닥을 스쳐 문지르는 구애행위를 계속하고, 그러다 보면 내내 심드렁하던 암놈이 스르르 홀려 수면(水面)으로 천천히 떠오른다. '세상을 다 얻은' 수놈은 잽싸게 암놈의 항문을 중심으로 온 몸을 칭칭 감고 세차게 조여 들어간다. 저것 죽는다는 생각이 들 정도로 세게 또 더 세게 꽈배기를 꼰다. 허 참, 비늘이 없어 그렇게 미끄러운 놈들이 어떻게 저리 몸을 감고 비빌 수가 있담? 그렇지, 그럼 그렇지! 수컷은 가슴지느러미 아래에 골질반(骨質盤)이라는 것이 있어서 이것을 암놈의 배에다 고정하여 떨어지지 않는다고 한다. 교미가 끝난 암컷의 배에는 푹 파인 홈이 남는다고 하지 않는가. 큐피드의 화살이 배를 찔렀기 때문이다. 혈흔(핏자국)이 남는 수도 있다니 그것이야말로 '검은 상처'다. 아무튼 그러고 나서 암놈이 이내 알을 낳으면 수놈은 서둘러 알에다 유전자 씨를 뿌린다. '희망의 유전자'를 심는 것이다. 이런 행위는 2~3분 간격으로 여러 번 되풀이되고, 이어서 벼 포기나 수초에다 알을 갖다 붙인다(미꾸리는 진흙이나 모래에 묻음).

이렇게 뜨겁고 아찔한 사랑의 광경을 목도하고는, 이 녀석들이 정력에 좋겠다고 생각하여 추어탕을 즐기는 사람들이 있다. 유감저술(類感呪術)이란 말이 있다. 이야기한 추어탕이 그렇고, 물개 수놈 한 마리가 여럿의 암놈을 거느리니 정력이 셀

것이라 하여 해구신(海狗腎)을 찾고, 개는 교미 시간이 길다하여 신(腎)을 찾고 탕을 먹는 것이 그렇다. 아들이 많은 집 여인의 속곳을 훔쳐 가지면 아들을 낳고, 돌부처의 코를 갈아먹으면 득남한다는 이런 생각이 유감저술이다. 아서라, 죄다 어림없는 소리다. 헛소리다. 불로불사(不老不死), 불사영생(不死永生)이 어디 있더냐. 하지만 어쩌랴. 물에 빠져 지푸라기 안 잡는 사람 없을 테니.

집 지어 암놈에 바치는 수놈 가시고기

실제로 암컷보다 수컷이 자식의 보호에 많은 노력을 쏟는 동물도 있다. 이렇게 헌신하는 경우가 새와 포유류에선 극히 드물지만 어류에서는 흔히 볼 수가 있다. 대부분의 어류는 그냥 생식세포를 물속에 방출한다. 그러나 육상동물은 교미 후 얼마 동안 체내에 배(胚)를 가지고 있다. 교미 후에 수놈은 도망을 갈 수가 있으므로 결국은 자식보호의 기회는 아비보다 어미에게 많다. 그러나 물고기는 사정이 전혀 다르다. 수정이 막 끝난 알을 상대에게 맡기고 급하게 사라져 버리는 것은 수놈보다 암놈의 경우에 가능하기 때문이다. 즉, 암놈이 먼저 알을 낳고 수컷은 그 알에다 정자를 뿌리기에 암놈은 최소한 몇 초간의 귀중한 시간을 얻어 내뺄 수가 있다.

가시고기는 등에 여러 개, 배의 앞뒤로 한 개씩 뾰족한 가시가 나 있는 것이 제일 특징이다. 비늘이 없는 대신에 몸에 딱딱한 비늘판을 둘러쓰고 있다. 전 세계에 257종이 살고 있는데, 민물과 바닷물이 섞이는 기수(汽水)녘에 사는 것이 근 40종, 민물에 사는 것이 약 19종이고 나머지는 바다에 살면서 기수를 드나든다고 보면 되겠다. 우리나라에는 5종이 서식하고 있으니, 큰가시고기, 잔가시고기, 가시고기, 두만가시고기, 청가시고기가 그것들이다. 큰가시고기가 단지 3개의 등가시를 갖는 데 반해서 나머지는 모두 9개를 갖는다. 그중에서 큰가시고기와 잔가시고기, 가시고기는 남한에 있고 나머지는 주로 북방계 종으로 북한과 중국, 일본 등지에 산다. 셋 중에서 큰가시고기는 사는 곳이 가장 광대하여 동남해안으로 흘러내리는 강 입구는 물론이고, 세계적인 분포를 보인다.

이것은 큰가시고기가 아주 적응력이 강하다는 것을 의미한다. 그래서 여기서는 큰가시고기를 중심으로 글을 써나간다. 큰가시고기는 등짝에 우뚝, 뾰족한 세 개의 커다란 가시를 가지고 있기에 '가시고기'란 이름이 붙었고, 그래서 영어로는 'three-spined stickleback'이라 한다. 등짝의 가시 말고도 배 쪽의 가슴지느러미 부위에 큰 가시 하나와 뒷지느러미 바로 앞에 작은 가시 하나를 가진다. 보통 물고기들은 지느러미에 가시를 숨겨두고 있는데, 이렇게 지느러미와 별개로 예리한 가시를 내놓고 있는 것은 꽤 드물다. 그래서 말 그대로 '가시고기'다. 큰가시고기는 우리나라뿐만 아니라 세계적으로 분포한다는 것도 다시 강조해 둔다. 이 말은 이 물고기는 수조에서도 잘 살고, 새끼치기도 잘하기에 여러 실험에 이미 많이 쓰인 아주 좋은 재료라는 말이다.

여기서 우리는 또 다른 엇길로 접어든다. 1973년의 노벨생리·의학상은 새로운 분야를 개척한 세 사람의 동물학자에게 주어졌다. 프릿시(Karl von Frisch), 로렌즈(Konrad Lorenz), 그리고 틴버겐(Niko Tinbergen)이 바로 그 주인공들로, 이들은 동물의 습성을 연구하는 '동물행동학'(動物行動學, ethology)이라는 생물학의 신 분야를 연구한 공로로 귀한 상을 받았다. 그전까지는 어렴풋이, 개괄적으로 논했던 다윈의 이론을 탄탄한 바탕 위로 올려놓은 공을 인정받은 것이다. 이들의 실험은 연구실이 아닌, 자연 상태에서 이루어졌다. 병아리로 태어나서 제가 본 가장 큰 물체를 어미로 생각한다는 등 새들의 각인(刻印)에 관한 것이나, 벌이 꿀이 있는 위치를 춤을 추어서 알려준다는 것 등 이들은 많은 동물의 행동을 새롭게 밝혀냈다.

큰가시고기 곁으로 다시 돌아가 보자. 틴버겐은 동물들의 행동 중에서 고정된, 판에 박힌 행동(stereotyped behavior)을 눈여겨봤다. 이것은 본능과는 조금 성질이 다르다. 본능이란 거미가 집을 짓거나 귀뚜라미 암수가 교미를 하듯 연습이나 배움(학습) 없이도 행동하는 것으로, 환경이 바뀌어도 행동은 달라지지 않는다. 그러나 '판에 박힌 행동'이라는 것은 환경이 달라지면 그 행동이 따라서 바뀌는 것을 의미한다. 다음에서 볼 큰가시고기의 영역 지키기가 판에 박힌 행동의 좋은 예라 보겠다. 이것 역시 배워서 안 것이 아니라 태어나면서 이미 정해진 행동이고, 때문에 어떤 자극에 빨리 반응하고, 하여 에너지를 줄여서 생존에 유리하다는 결론을 내리고 있다.

만화방창, 드디어 새봄이 왔다. 3, 4월이 되면 가시고기 중 몸집이 제일 커다랗고(큰 놈은 13cm나 된다) 가시도 크고 긴 큰 가시고기 수컷이 터를 잡는다. 영역(territory)을 확보하기 시작하는 것이다. 가까이에 다른 수컷이 나타나면 휙휙 몸을 날려 내쫓는 등의 텃세를 부린다. 짧은 편에 속하는 주둥이지만 거기엔 예리한 이빨이 나 있어서 공격 무기로 제격이다. 그런데 여태 은색이거나 황금색이었던 복부가 어느새 벌건 색으로 뒤덮이고 있으니 이는 산란기(발정기)가 됐다는 증거다. 그 색은 바로 수놈에서만 나타나는 혼인색으로, 암놈 가시고는 이 색에 혹해서 성적유혹을 느낀다. 사람이나 물고기나, 수컷들은 짝을 찾을 때 조금씩 맵시를 낸다!

큰가시고기 수놈은 무척 바빠진다. 오붓한 집을 지어야 하기 때문이다. 아담하고 견고한 집을 지어야 멋쟁이 마누라를 챙길 수 있기에 죽을힘을 다한다. 제일 먼저 주둥이와 가슴지느러미를 써서 바닥의 모래나 진흙을 파낸다. 건물 지을 자리, 지반을 정리, 정돈하는 것이다. 대략 10cm²의 넓이에 깊이 3~5cm의 터를 닦고, 분주히 여기저기를 뛰어 다니면서 입으로 보드레한 지푸라기를 물어 나른다. 죽은 수초나 가랑잎, 물풀의 뿌리가 지푸라기다. 그것을 얼기설기 엮어나가니, 콩팥에서 분비한 실 같은 점액을 묻혀서 짚의 날개를 붙인다. 최후의 마름질이 거의 끝나는 셈이다. 가시고기는 용케도 물속에서도 달라붙는 강력 본드를 내뱉는다(이 물질을 벤처의 대상으로 삼아볼지어다!).

빼어난 목수, 카펜터가 바로 큰가시고다! 이들이 지은 덩그러니 큰 둥지를 보면 새둥지를 빼 닮았다. 아니면 새들이 가시고기의 둥우리를 본 땄는지도 모를 일이다. 새들이 이렇게 집을 짓는 목적이 어미의 체온을 알에 뿜기 위함이라면, 물고기의 경우는 알과 새끼를 돌보아 잘 지키기 위해서이다. 아무튼 멀리서 바라보면 드넓은 강바닥 여기저기에 몽골인들의 집인 '게르'(ger)를 닮은 집들이 즐비하게 우뚝우뚝 솟기 시작한다. 2~3개/m², 즉 1제곱미터 면적에 두세 개의 봉긋한 집이 널려 있다. 사막의 선인장이 일정한 거리를 두고 나듯이 이들의 집의 간격 또한 자로 잰 듯 일정한 것은 불문가지, 물어볼 필요가 없다. 이 집은 입구와 출구가 따로 있는데, 입구는 좀 크지만 출구는 있는 듯 없는 듯 작다. 다른 물고기의 접근을 가능한 줄이려 하기에 그런 것이다. 둥지 안은 그렇게 넓지 않고 큰가시고기 한 마리가 들어앉을 정도의 공간이다.

여기서 잔가시고기의 집짓기를 잠깐 얘기하자. 큰가시고기는 집을 바닥에다 짓는다고 했다. 그런데 잔가시고기는 큰 수초 줄기를 기둥 삼아 바닥에서 50cm 근방에다 집을 지으니 말 그대로 '수중 새집'이다. 가시고기 하나도 개성이 다양하여 건축술이 각각 다르니 남이 나와 같기를 바라지 않아야 할 것이다.

기회는 기다리는 사람에게만 온다. 이제 큰가시고기 수컷이 암놈을 조대, 모시고 와야 할 차례다. 집이 완성되었기에 말이다. 물론 다른 수놈이 근방(반경 50cm)에 나타나기만 하면 벼

락이 떨어진다. 눈에 불을 켜고 설쳐대고, 부리로 사정없이 받아버린다. 평소엔 몸의 가시를 눕혀놓지만 적이 공격하면 바짝 세워서 방어무기로 쓴다. 여러 개의 창(槍)을 가진 무서운 물고기! 헌데 수놈에 따라 집 잘 짓는 귀신도 있지만 등신도 있어서 집이 크거나 작고, 모양새도 다 다르다. 그래서 암놈들은 이집 저집을 기웃거려보고, 집안에 들러서 벽을 툭툭 쳐보기도 하고 바닥을 쿵쿵 다져도 보고……. 사람이나 가시고기나 수놈의 팔자는 똑같다. 암놈이 수놈의 재력(財力)을 중시하니 말이다. 돈 없고 배경 없으면 맥을 못 추는 것은 물 속에서도 다르지 않다. 오직 돈의 힘이 위력을 발휘하는 세상이다. 다재약신(多財弱身), 재물이 많으면 몸이 약하다고 했는데, 꼭 그렇지만도 않은 모양이다.

아무튼 수컷들은 날렵하게 몸을 날려서 암놈들을 영역 안으로 불러들이고, 집 입구까지 갈 지(之, zig-zag)자로 춤추면서 안내를 한다. 암놈 한 마리가 드디어 집에 주둥이를 치켜 밀고 들어가 앉았다. 아, 성공이다. 이제 장가를 가는구나. 이게 꿈이냐 생시냐, 허벅지를 꼬집어본다. 아늑한 알터(산란장)에 자리 잡은 암놈은 산란을 준비한다.

방안에 들어간 암놈을 지켜주면서 수놈은 동정 살피기를 게을리 하지 않는다. 초긴장 상태란 말이 딱 들어맞는다. 그러면서 수놈이 밖에 걸쳐 있는 암놈의 꼬리지느러미를 연신 콕콕 찔러댄다. 일종의 구애행위인 것이다. 찔러서 자극을 주면 산란이 촉진된다. 미꾸라지나 메기들이 암수가 몸을 서로 휘

감아 죽도록 죄이고 비틀기를 하는 데 비해 이것들은 아주 점 잖게 스킨십(skin-ship)을 한다. "어서 알을 낳아라, 난 종자를 뿌릴 준비가 다 됐다"는 신호이기도 하고…….

암컷은 드디어 알을 낳기 시작한다. 알을 다 낳은 암놈은 들어온 입구의 반대쪽으로 머리를 밀어서 둥지 밖으로 나가버 린다. 촌각의 시간도 놓치지 않고 수놈은 달려 들어가 알 위에 다 제 씨를 뿌리니, 어려운 말로 방정(放精, 정자 뿌림)한다고 한다. 알을 다 낳은 어미는 진이 다 빠져버려 맥을 잃고 몇 시 간 안에 근방에서 죽어버리고 만다. 소설『가시고기』에서처럼 다른 남자를 만나 프랑스로 떠나는 엄마가 있는가 하면, 이렇 게 사랑을 쏟아 붓고 생을 마감하는 가녀린 어미도 있더라! 꽃 답고 애틋한 정을 방정(芳情)이라 한다. 큰가시고기 암놈의 죽 음을 '지순한 방정'이라 불러도 좋을지 모르겠다. 석양 속에서 사라짐의 아름다움을 배운다고 했으니, '죽어가는 재미'가 그 속에 있는 것이리라. 이 물고기 어미의 죽음에서 우리는 뭘 느 껴야 하겠는가. 필자는 '자는 동안에 죽었으면……' 하는 소원 을 멋있게 사라져버리는 큰가시고기 암놈이 대신 이뤄준 것처 럼, 죽음의 행복감을 느낀다. 제자리에 마냥 머물고 있는 것은 없으니.

암컷 한 마리는 보통 450여 개의 알을 낳는다. 그런데 헤아 려 보니 둥지 속에는 물경 2,600여 개의 알이 수북이 쌓여있 었다면 이건 뭘 말하는가. 알의 직경은 1.7㎜로 아주 작은 편 이다. 이것은 여러 마리, 최소한 6마리의 암놈을 불러들여서 알을 낳게 했다는 것을 의미한다. 물론 힘 약한 수놈은 그보다 못할 것이고 더 센 놈은 더 많은 암놈을 거느렸을 게다.

이제 수놈이 알을 책임져야 한다. 꿈꿀 시간도 없다. 일주일 후에 알이 깨일 때까지 아비는 밤낮을 가리지 않고 입과 가슴 지느러미를 흔들어서 물의 흐름, 수류를 일으킨다. 수정란이 커가는 데 해맑은 산소가 더 많이 필요하다는 것을 이들은 다 알고 있다. 그뿐인가. 잡아먹으려 드는 놈들을 막는 것도 힘이 든다. 새끼들이 나올 즈음이면 수놈의 몸은 마를 대로 마르고, 기운도 달리고 다리도 풀린다. 혼인색도 퇴색하여 수놈은 형편없는 몰골로 산란장 근방에서 그만 죽고 만다. 『가시고기』에서도 몸까지 주어서 자식 사랑을 했던 아비는 삶의 끈을 끊어버리고 홀연히 죽음을 맞이하러 산 속으로 들어간다. 새끼들은 일주일 전에 종명한 삭아 문드러진 어미살인들 뜯어먹지 않겠는가. 여태 심장의 피가 식지 않은 아비의 살점……. "내 육혈(肉血)을 한껏 먹어라, 잘 커라, 건강하여라, 내 새끼들아." 아무래도 먹힐 몸이라면 자식에게 주는 것을 바랐을 것이다. 가시고기도 말이다.

어미 아비의 살을 발라 먹고 자라나는 새끼(자어, 子魚)들은 길 떠날 준비에 바빠진다. 동물성 플랑크톤을 잡아먹고 자라기 시작한 새끼들은 부화하면 몸길이가 5~6㎜에 이르고, 이제는 바다로 내려가야 하기에 분주해지는 것이다. 7월이 되면 강이나 기수 지역에서는 새끼 물고기가 채집이 되지 않는다고 하니, 그 이전에 바다로 다 내려간다는 뜻이겠다. 새끼들

은 먹을 것이 무진장인 바다에서 1, 2년 지내면서 후딱 자라
서 제가 태어난 강으로 다시 올라와서 알을 낳는다. 큰가시고
기도 어미의 강, 모천(母川)에 회귀(回歸)한다.

　이제 여태 미뤄뒀던 틴버겐의 큰가시고기의 실험관찰 이야
기를 덧붙일 차례다. 노벨상을 안겨준 큰가시고기가 아니던가.
큰가시고기 관찰에 혼이 홀딱 빠져버린 틴버겐은 날밤을 새워
산란기 수컷의 행동에 신경을 썼다. 과연 무엇이 자극이 되어
서 둘레에 서성거리는 다른 수놈을 쫓아버리는 텃세를 부리는
것일까. 저 배 바닥에 생겨난 혼인색이 반응을 일으키게 하는
자극(triggering stimulus)이 아닐까 싶어서 여러 실험을 한다.
진흙으로 여러 모양의 가시고기를 만들어 색칠도 해봤다. 제
일 먼저, 큰가시고기와 꼭 같은 모양의 것을 만들어 가까이 놔
뒀지만 예상과는 달리 전연 공격을 하지 않았다. 물론 이것은
복부에 붉은 색칠을 하지 않은 발정기의 가시고기가 아니었
다. 그렇다면 색깔로 자극을 받는 것일까? 아니나 다를까. 그
는 붉은 색깔이 자극원이라는 것을 알게 된다. 큰가시고기 모
양과 전연 다른 여러 가지 모형을 만들고 모두 아래 반쯤 붉
은 칠을 해서 수컷의 코앞에 놨더니 하나같이 대들어 물어뜯
는 게 아닌가! 틴버겐은 수조에 키우던 수컷이 붉은 색칠을 한
우편물을 나르는 차가 지나가는 것에 대해 예민하게 공격 자
세를 취하는 것도 관찰하였다고 한다. 붉은 색만 보면 눈이 뒤
집혀진다! 결국 큰가시고기의 판에 박힌 행동은 혼인색에 자
극을 받아 일어나는 것임을 알게 된다.

영국에 사는 로빈(robin)새의 실험에서도 같은 결과를 얻는다. 여러 새 모형 중에서도 수컷들은 특히 가슴에 붉은 색이 있는 놈을 골라 공격을 하더라는 것이다. 새 자체가 아닌, 붉은 색이 자극이 되어서 공격이라는 반응을 일으키는 것은 큰 가시고기와 같았다. 하여, 틴버겐과 프릿시, 로렌은 '동물행동학'이라는 새로운 생물학의 영역을 개척한 공로로 큰 상을 받았다. 큰가시고기가 노벨상을 붙들고 있었구나. 사람이 동물을 보는 시각(時角)과 시계(視界)를 바꿔준 것이다. 이것도 생물학의 진화다. 역시 바뀌지 않는 것이 없다. 제행무상이라!

나비의 정조대와 개구리의 포옹

나비의 사랑과 정조대

벌과 나비, 봉접이 없는 세상은 상상키가 두렵다. '지성인'
인 벌에 대해서는 다음 기회에 논하기로 하고 여기선 '백치
미인' 나비의 세계를 들여다본다. '나비'라는 말은 '보드랍게
나부끼어 흔들린다'는 뜻을 가진 '나불거리다' '나붓거리다'에
서 오지 않았나 싶다. 우리말의 어원을 다 안다면 얼마나 좋을
까. 서양 사람들은 나비를 'butterfly'라 하니 '누르스름한 색을
띠는 벌레'로 본 듯하고, '다리가 달린 나뭇잎'이라 하여 풀숲
에 앉으면 잘 보이지 않는 의태(擬態)를 그 특징으로 삼았다.

어쨌거나 나비는 하늘하늘 떨어질 듯 솟아오르기를 계속하며 날아간다. 나비를 잡아보면 날개의 비늘 가루가 손에 그득 묻는다. 물고기 비늘이 살갗을 보호하듯이 나비의 비늘도 날개를 지켜주는 것은 물론이고 색소를 머금고 있어서 날개의 색과 무늬를 만들어낸다. 그리고 나비들은 비늘에서 반사하는 자외선을 느껴서 친구를 알아내고 또 암수를 구분한다고 한다. 한 마디로 나비는 비늘로 짝을 찾는다. 물론 같은 종(種)이 아니면 서로 신호가 달라서 알아보지 못한다. 그런데 늙다리 수놈 나비는 비늘이 벗겨지고 떨어져 나가버려서 자외선을 적게 반사하여 암놈들의 시선을 끌지 못하는 반면, 튼튼하고 싱싱한 수놈의 비늘은 반짝반짝 빛나기에 암컷들이 몰려든다. 사람이나 나비나 죄다 늙으면 정녕 불쌍타.

암수 나비 한 쌍이 만나면 다른 나비가 없는 곳으로 피해가면서 둘만의 사랑을 즐긴다. 살랑살랑 공중을 날면서 놈들이 스치듯 만났다가 떨어지기를 계속하지 않던가. 흔히 그것을 보고 나비가 짝짓기하는 것이라 보는데 그것은 잘못이다. 사실은 수컷 나비가 암컷을 자극하고 흥분시키기 위해 쌍쌍이 나는 것이기 때문이다. 수놈의 항문 근방에 있는 돌기를 암놈의 긴 더듬이에 문질러 사랑의 향수(성 페로몬, sexual pheromone)를 뿌리고 있다. 그것을 한 시간이 넘게 계속하다가 이때다 싶으면 암놈이 안전한 곳에 내려앉고, 짝짓기를 한다. 공중에서 하늘거림이 바로 그런 행위였구나!

이제 암놈 나비는 알을 낳을 차례다. 물론 짝짓기를 한 수놈 나비는 힘이 빠져 죽어버리고, 암놈도 새끼치기를 하자마자 일생을 마친다. 배추흰나비 암놈은 배추나 무의 잎에 알을 낳는다. 알은 깨어나 유충이 되고, 그것은 번데기로 바뀌어 흙속에 들어가 월동을 한다. 겨울나기를 끝낸 번데기에서는 성충인 나비가 날개를 달게 되니, 알→유충→번데기→성충의 과정을 거치는 완전변태(탈바꿈)를 한다.

나비는 성충과 유충이 먹는 먹이가 다르다는 것도 눈여겨 봐야 할 자연 현상의 하나다. 어미는 꽃의 꿀을 빨아먹고 살지만, 새끼는 배추나 무 잎을 갉아 먹고 자란다. 그리하여 어미와 자식 간의 먹이 다툼을 피해 가는 것이다. 얼마나 오묘한 자연 현상인가. 이런 현상을 다형성(多形性, polymorphism)이라 한다.

거의 모든 나비들은 단 한 번만 짝짓기를 하기에 짝을 고르는 데 있어서 매우 신중하다고 한다. 뭐니 해도 암수가 서로 건강한 유전인자를 가진 놈을 골라 짝을 맺으려 들고, 짝짓기를 할 때 수놈은 자기 몸무게의 6~10%나 되는 정액 덩어리(정포, 精包)를 암놈의 자궁에 집어넣는다. ①암놈은 그것을 영양분으로 삼아 튼튼한 알을 만들어 낳고, ②정액에는 산란 촉진물질이 들어있어 재빨리 산란하여 수정토록 하고, ③놀랍게도! 암놈의 성적충동을 감소시킨다고 한다. 그리하여 다른 놈의 정자를 받지 못하게 하는 것이다.

제 놈의 씨만 더 많이 퍼뜨리려는 수놈들의 욕심스런 메커니즘은 여기에서 멈추지 않는다. 모시나비, 사향나비 놈들은 한술 더 뜬다. 반투명한 수놈이 준 정포는 딱딱하게 굳어져서 암놈의 생식관(生殖管)을 틀어 막아버리는 마개(수태낭, 受胎囊)가 되어버리니, 정조대라는 기구와 뭐가 다른가! 나비 녀석들의 생식작전에 망연자실(茫然自失)해지고, 암놈의 정절을 강요하는 수놈의 이기적이고 공격적인 씨 퍼뜨리기에 아연(啞然)할 따름이다.

나비의 '정조대' 만들기 정도는 약과다. 지중해에 사는 벼룩의 일종은 다른 수놈이 넣어 놓은 정자 덩어리를 끄집어내 버리고 제 씨를 넣는다. 놈의 교미기에는 갈고리, 지레, 가시 철사, 용수철이 달려 있어서(스위스 군대 칼을 닮았다!) 암놈의 생식기를 싹싹 긁어내고 닦아낸 다음에 제 정자를 집어넣는다. 그런가 하면 잠자리의 한 종은 교미기를 암놈의 질 속에서 한껏 부풀려서 먼저 넣어놓은 경쟁자의 정자를 쓰~윽 밀어내 버리고 제 씨를 뿌린다. 이래도 이놈들을 하등한 동물이라 해야 하는가. 도대체 새끼치기가 무엇이기에 고등, 하등 할 것 없이 그 야단을 치는 것일까. 그리고 어찌하여 암놈 벼룩은 마냥 그 고통(?)을 감수하고 있는 것일까. 정말로 대단한 놈들이다. 어벙한 버러지가 아니라 기회를 놓치지 않는 꾀보들이다.

개구리가 포옹하는 뜻은?

풀밭에 숨어 있던 개구락지 놈이 사람 발걸음 소리에 놀라 펄쩍 무논으로 뛰어든다. 그놈들은 그럴 때면 빠뜨리지 않고

찍! 오줌을 발등에 내깔기고 간다. 개구리는 오줌을 함부로 누지 않고 모아뒀다가 위험에 쏟아 부어 천적의 공격을 막는 데 쓰기 때문이다.

맞다, 개구리는 양서류(兩棲類)다. 양서류를 '물뭍동물'이라고 불러도 좋다. '물과 땅 양 쪽에 산다'는 뜻으로, 도롱뇽, 두꺼비, 무당개구리, 청개구리, 맹꽁이, 산개구리, 황소개구리가 죄다 양서류다. 이것들은 모두 알을 물에다 낳고 거기에서 알이 깨어 올챙이가 되고, 복잡하게 탈바꿈하여 땅으로 올라와서 살고, 자라서 어른 개구리가 되면 다시 알은 물에다 낳는다. 물은 생명의 원천이라, 우리 사람만 해도 아기집(자궁) 속에서 자랄 때 양수(羊水)라는 물에 푹 잠겨 있다.

여느 생물이나 다 환경의 영향과 지배를 받는다. 자연이나 문화까지도 환경의 산물이 아닌 것이 없다. 그래서 나무에 적응하여 사는 청개구리(tree frog)와 땅바닥에 사는 개구리는 몸의 구조에서도 차이가 난다. 개구리는 모두 앞다리에 발가락이 4개, 뒷다리에 5개가 있다. 땅개구리는 뒷다리에 물갈퀴가 있으나(헤엄을 쳐야 하니까) 나무에 주로 사는 청개구리는 거기에 물갈퀴가 없다. 대신 나뭇잎이나 줄기에 잘 달라붙게끔 땅개구리에는 없는, 발가락 끝에 주걱 모양의 발판을 가지고 있어서, 나무 둥치는 물론이고 호박잎이나 배춧잎에도 미끄러지지 않고 찰싹찰싹 잘도 달라붙는다.

그런데 아무리 배고프고 힘 다 삐저도 새끼치기는 게을리 못한다. 지난 가을 먹을 게 많을 적에 이미 암놈은 알을, 수컷은 정자를 듬뿍 만들어 놓은지라 개구리는 이제 무논을 찾아 나선다. 건장하고 잘 생긴 상대를 만나서 짝짓기를 해야 하기에 말이다. 온 사방에서 씨내리들이 한껏 목청을 드높여 소리를 내지르고 있다, 개굴! 개굴! 개굴! 나 이렇게 건강하여 빼어난 유전자를 가졌으니 씨받이들아, 나를 배필로 골라달라는 수놈들의 절규가 곧 개구리의 울음(love song)이 아닌가. 무슨 수를 부려서라도 제 유전자를 더 많이 퍼뜨리고 싶어하는 것이 수놈들의 지상의 바람이다. 사람도 그런 점에선 별로 다를 것 없다. 개구리도 암놈은 음치고, 수놈만이 목 밑의 울음주머니를 부풀렸다 오므렸다 하면서 떼 지어 노래를 부른다. 저 개구리들의 사랑 찾는 구애의 합창이 귀에 거슬리는 사람은 그 소리의 참뜻을 제대로 모르는 바보 천치다.

개구리들이 짝짓기를 하는 무논으로 들어가 보자. 한 마리의 암놈을 놓고 서로 차지하겠다고 여러 마리의 수놈이 뒤엉켜 바둥거리고 있지 않는가. 처절한 힘겨루기를 하다가 종국엔 완력 좋은 놈이 암놈을 차지한다. 여기서 차지한다는 말은 등 뒤에서 암놈을 한껏 껴안는다는 말이다. 암놈의 배가 터지게 눌러대니, 이것은 "나는 사정(射精)할 준비가 되었으니 어서 배란(排卵)을 하라"는 신호다. 헌데, 개중에는 애통하게도 마냥 암놈을 부둥켜안고 죽어 있는 수놈도 더러 있다.

그리고 가만히 보면, 등에 붙어 있는 수놈이 아래의 암놈보다 덩치가 조금 작다. 어디 개구리 수놈이 클 필요가 있는가. 자식을 먹여 살릴 것도 아니고 오직 씨앗만 뿌려주면 되니 덩치가 클 필요가 없다. 그러나 자식양육에 암수가 같이 애를 쓰는 조류나 포유류들에서는 되레 수놈 덩치가 큰 것도 눈여겨 볼 대목이다. 아무튼 등짝에 달라붙은 수놈은 일부러 떼려 해도 끄떡 않는다. 수놈 개구리는 엄지손가락 아래에 거무튀튀한 돌기가 있어서(암놈은 없다) 그것으로 몸통을 꽉 누르며 찰싹 달라붙어 있기에 그렇다. 이것은 암놈에 엉켜 붙은 수놈끼리 서로 밀어내어 이기기 위한 장치이기도 하다.

헌데 개구리가 짝을 짓고 있는 것을 보면, 그것들이 교미를 하고 있는 것이라 착각할 수 있다. 그러나 개구리는 교미기(음경)가 없어서 그냥 그렇게 안고 있을 뿐, 암놈이 알을 낳으면 순간적으로 수놈이 그 위에 정자를 뿌리는 체외수정(體外受精)을 할 따름이다.

드디어 올챙이들이 깨어서 함께 무리지어 물장구를 치면서 자란다. 그런데 해괴한 일도 다 있다! 이 집 올챙이와 옆집 올챙이를 한데 섞어서 놓아보았는데 어느새 다시 두 무리로, 그것들이 형제끼리 모이더라는 것이다. 유유상종이란 이런 것일까. 서로가 서로를 알아보는 올챙이들! 유전인자가 같은 것끼리 모이니 어떻게 피가 가깝고 먼 것을 올챙이가 알아낸단 말인가. 아무리 섞어봐도 귀신 같이 형제자매를 가려내는 올챙이들! 그래서 피는 못 속인다고 하는 것이리라.

여기 최승호 시인의 글을 따와 봤다. "단일민족이라 하여 모두 무궁화를 노래하고 까치를 예찬하는 것은 아닐 것이다. 꽃은 다양하고 까치 말고도 멋진 새도 많다. 귀화생물을 외래

종이라는 이유로 이 땅에서 몰아낼 것인가. 지도를 식별 못하는 생물들이 무슨 국적을 알겠으며, 바다와 대륙을 건너다니는 철새들에게 무슨 국적이 있겠는가? 우리가 지나친 애국심으로 그렇게 미워하며 잡아 죽인 황소개구리들도 지금쯤 겨울잠에서 깨어났을 것이다. 경칩도 지났는데 우물 안 개구리 같은 마음에서 벗어납시다."

못난이 — 오랑우탄도 용빼는 재주가 있다

서둘러 할 말이 있다. 제목에서 '못난이'라 했는데, 그것은 절대로 오랑우탄 전체를 놓고 한 말이 아니라는 것이다. 나중에 상세히 설명을 하겠지만, 수놈 중에서 대장이 못되어 어리보기(arrested male, 이 말이 꼭 어울리지는 않지만)가 되어있는 놈을 칭하는 말이다. 굼벵이도 구르는 재주가 있다고 하지 않는가. 결론이 되겠지만, 이 머저리 놈이 용빼는 재주를 가지고 있다는 것이 이 장의 주된 내용이 된다.

말레이(Malay)어로 '숲 속의 사람'(man of the forest)이란 뜻인 '오랑우탄'(Orangutan)은 세상에서 유일하게 동남아시아의 보르네오 섬이나 수마트라 섬에 사는 영장류(靈長類)다. 한때는 섬이 아닌 곳(동남아시아 중심부)에서도 살았으나 모두 사람이 잡아버리고 서식지의 파괴로 완전히 없어져버려, 이곳에만 남아서 겨우 명을 유지하고 있다. '숲 속의 사람'이라는 이름은 아주 잘 붙인 것이다. 사람이 어디 별 동물인가. 유사한 것끼리 묶어보면, 고릴라, 침팬지, 오랑우탄, 사람이 엇비슷하지 않는가. 직립이 어떻고, 불을 쓰고, 언어를 구사한다는 등의 수사(修辭), 그것은 사람을 돋보이게 겉꾸미는 말일 뿐 가당치도 않고, 한마디로 그들과 우리는 크게 다르지 않다. 굳이 구분하느라 그랬을 뿐. 먹고, 새끼 낳고, 터 싸움질하는 것 등의 행동은 어디 하나 다를 것이 없다는 말이다. 그러니 '숲 속의 사람' 이야기는 곧바로 우리 이야기라 해도 무방타고 본다.

오랑우탄은 낮에 활동하는 주행성(晝行性)이고, 주로 나무 위에서 사는 수상동물(樹上動物)이다. 즉, 땅바닥에 잘 내려오지 않는다는 말이다. 긴 앞다리와 갈고리 닮은 손을 가지고 있어서 이 나무 저 나무를 타고 다니면서 열대 과일(주로 무화과 열매)을 따 먹으며 산다. 그 외에도 나뭇잎과 줄기를 먹거나 곤충을 잡아먹기도 한다.

그런데 다른 영장류와 다른 점은, 주로 혼자 지내는 독거(獨居) 생활을 하며, 발정기에만 암수가 잠깐 만난다는 것이다. 암수의 덩치 차가 아주 심해서 수컷(90kg)은 암컷의 두 배나 되고, 키는 137cm에 달한다. 고등동물로 올라오면서 수놈들의 덩치가 커지는 것은, 포식자로부터 암놈과 새끼를 보호하고 또 넓은 터를 차지해서 많은 먹이를 구해 오기 위해 그렇게 적응된 것이다. 사람도 조금도 다를 바 없지 않은가. 권력이 있고, 힘 센 사람에게 재물이 붙는다. 물론 부정으로 번 돈이 아닌 깨끗한 돈, 청부(淸富)를 의미한다.

그런데 어른이 된 오랑우탄 수놈은 아주 우람한 폼을 낸다. 여기서 '폼'이란 2차성징을 말하는데, 양쪽 볼에 지방 덩어리가 불룩 부풀어 오르고, 목 밑에 공기 주머니(기낭, 氣囊)가 발달하여 큰 소리를 지를 수가 있으며(그러나 오랑우탄은 본디 아주 조용한 동물로, 특수한 경우에만 고함을 지른다고 한다), 기다랗고 윤기 나는 불그스레한 털이 온 몸을 덮게 된다. 이것은 암놈에게 '나는 모든 준비가 되었다'는 신호를 주기 위한 것이다.

오랑우탄은 12~14살에 이르러 완전하게 성적으로 성숙해진다. 일반적으로 나이를 먹어 성적으로 성숙해지는 동물일수록 수명이 긴 동물이라고 하니, 오랑우탄도 꽤나 장수하는 동물에 속한다는 것은 이것 하나만으로도 추정이 가능하다. 이 동물은 자연의 숲에서 보통 30살을 산다고 하니 아주 오래 사는 편은 아니지만 그래도 장수에 속한다고 볼 수가 있겠다. 임신 기간은 275일이고(사람과 같다) 역시 사람처럼 한 번에 단 한 마리의 새끼를 낳는다. 물론 새끼는 어미가 기르고, 3년 후에 다시 임신을 한다. 보통 암놈은 8년이면 성적으로 성숙해지고, 수놈은 조금 느려 10살이다.

다음 이야기는 동물원 안에서 키우면서 관찰하고 실험한 내용이다. 앞에서 말한 '어리보기' 수놈이 단연 이야기의 주인공인데, 영어로는 '성장이 정지된'(arrested development) 수놈을 말한다. 대장 수놈이 있는 집단에 같이 있는 다른 수컷들은 하나같이 덩치가 암놈 정도의 크기(대장 몸집의 반 정도)로 아주 작다. 결코 유전적인 이상으로 생기는 난쟁이도 아니고, 그렇다고 못 먹어 영양실조로 생장이 늦어진 것도 아니다. 모든 것이 정상인데도 크지 못하는 이유가 무엇이며, 그렇게 됨으로써 어떤 점이 불리하고 또 유리한 것일까. 필자는 어릴 때 하도 못 먹어서 키가 크지 못하다가 대학에 와서야 키가 컸었는데(가정교사를 하면서 잘 얻어먹은 탓임), 이 어리보기는 그것도 아니란다. 그렇다고 기계체조 선수나 발레를 전공하는 사람처럼 심하게 운동을 하여 사춘기가 늦어지는 것과는 또 다른 현상이 이 꼬마 수놈에게서 일어난다.

한 우리 안에 사는 대장 수놈은 다른 수놈들을 언제나 위협하고 공격한다. 그러나 이와 같은 스트레스는 수컷의 성장을 장해하는 원인이 결코 아닌 일종의 진화학적인 작전으로, '거짓 부림(속임수)'이다! 놈들은 할 짓(교미)은 다 하면서도 몸집이 작아 먹이를 적게 먹어도 견디니 생존에 유리하고, 또 바보 얼간이 행세를 하여 대장과의 다툼을 줄여나간다는 것이다. 그러면서도 암놈과의 교미에서는 대장 못지않다는 것인데, 사람에 비유하면 강간을 한다는 말이다. 하긴, 어느 동물이나 제 씨앗을 많이 퍼뜨리기 위해서 별의별 작전을 다 쓰지 않는가. 특히 수놈의 세계를 들여다보면 죽기 살기로 치열하다.

오랑우탄을 사육하는 우리에서 대장 오랑우탄을 치워버리면 어느새 어리보기들이 대장 크기로 자라버린다. 이런 일은 비단 이 동물에서만 관찰된 것이 아니고, 쥐나 원숭이 등 다른 동물에서도 매한가지로 나타나는 현상이다. 자리가 사람을 만든다고, 높은 자리에 올라가면 관록이 붙고 살이 유들유들 찌는 것도 '생물사회학'적으로 해석이 가능한 일일 것이다. 이렇게 새로 대장이 되면 이차성징이 확실하고 뚜렷하며, 고환(睾丸)도 커지고 웅성호르몬인 테스토스테론의 양도 증가한다. 그 자리에 앉으면 권력을 가진 만큼 책임감이 막중해진다는 것을 오랑우탄도 잘 알고 있으리라. 권리에는 의무가 뒤따르는 법이니…….

다른 이야기를 조금만 보태보자. 어미가 죽어버려서 고아가 된 수놈 새끼코끼리를 데려다 키웠다. 그런데 발정기가 되니, 혼자서 버릇없이 자라온지라 이 녀석이 아주 난폭해지고 공격적으로 변해 발악을 한다. 이럴 때에는 어떻게 하면 녀석을 '쪽을 못 쓰게' 할 수가 있을까? 아주 간단한 방법이 있다. 나이가 많고 덩치가 더 큰 수놈을 데려다 놓으면 갑자기 기가 죽어 순해지고, 덤비지도 못한다. 실은 이것도 일종의 작전이다. 위기에는 꼼짝 않고 엎드려 있는 것으로 장기전에 돌입하는 것이다. 늙은 놈이 빨리 죽을 것이니, 그때 힘을 발휘하겠다는 작전! 다투어서 이기지 못할 싸움은 일부러 피하는 저 동물에서 우리는 한 수 배워야 한다.

다시 오랑우탄으로 되돌아가면, 물론 대장한테서 심한 스트레스를 받기에 어리보기들은 덩치가 자라지 못한다는 주장에도 일리가 있다. 사람도 어릴 때 아주 심한 심리적인 스트레스를 받으면 정신적인 문제 말고도, 드물게 '심인성(心因性) 난쟁이'가 되는 수가 있으니 말이다. 물론 이 동물은 자연 상태에서는 흩어져 홀로 살기에(수놈 한 놈의 영역에는 암놈이 서너 마리가 산다) 그런 문제가 덜하지만 그래도 큰 놈이 근처에 오면 긴장한다.

동물이나 식물을 막론하고 모든 생물은 일정한 영역을 모두 차지하려 드는데, 큰 녀석일수록 더 넓은 터를 잡는다. 이 동물이 자기의 영역을 알리고 표시하는 방법도 다른 동물과 별로 다를 게 없다. 여기저기, 제 영역의 언저리에 냄새를 풍겨놓아서 딴 녀석들이 그 자리를 넘지 못한다. 그리고 목 주머니를 부풀려서 고래고래 고함을 질러대니, 그 소리는 멀리 몇 킬로미터까지도 퍼져나간다. 모든 수컷들이 내지르는 소리는 암놈을 꼬드기는 것은 물론이고 '여기는 내 땅'임을 알리고 영역을 지키려는 행위다.

그렇다면 중간에 성장을 멈춘 못난이 수놈들과 대장 수놈 사이에는 어떤 생리적 차이가 있을까? 호르몬에 차이가 있는 것일까 싶어서 동물원에서 키우는 여러 오랑우탄의 소변에 들어있는 호르몬을 조사해보았지만, 예상과는 달리 두 집단의 성장호르몬의 양에는 대차가 없었다 한다. 다음에는 스트레스를 받을 때 생기는 호르몬인 글루코콜티코이드(glucocorticoid)의 농도를 비교해보았다. 이것 역시 어린 놈, 어리보기, 대장에서 차이가 없었다. 분명히 어리보기가 스트레스를 받아서 이 호르몬의 농도가 훨씬 높을 것으로 예상했으나 대차가 없었다는

것이다. 특히 생식호르몬으로, 정자형성을 자극하는 여포자극
호르몬(FSH)에서는 전연 차이를 보이지 않았고, 어리보기들의
정자도 극히 정상이고 정소의 크기도 큰 대장과 똑같았다고
한다.

앞에서 이야기한 여러 가지 사실을 종합해보면 우리가 추
측했던 것과는 아주 달리, 어리보기들은 스트레스도 거의 받
지 않고, 또 성적으로도 아무런 이상이 없다는 결론에 도달한
다. 이런 사실은 '동물의 행동은 종이나 제가 속하는 집단을
위한 것이 아닌, 오직 제 정자를 더 많이 전하는 데 그 목적이
있다'는 현대 진화설을 뒷받침하고 있다. 즉, 수놈들의 행동의
저변에는 오직 투쟁과 경쟁 등 무슨 수를 써서라도 여러 암놈
을 차지하는 데 있다고 보는 것이다.

그런데 이차성징이 뚜렷하고 근육질이 발달한 커다란 덩치
를 갖는 대장 오랑우탄은 건강학적 측면에서 보았을 때 결코
유리하지 않다. 화려한 이차성징은 남성호르몬인 테스토스테
론의 농도가 높은 탓인데, 이것은 절대로 건강에 좋지 않다.
사람의 경우에도 웅성호르몬의 농도가 높으면 늙어가면서 전
립선암에 걸리기 쉽다고 하지 않는가. 그리고 몸집이 크다는
것은 먹이를 많이 먹어야 한다는 것이니 이 역시 생존에 유리
하지 못하다. 또한 이차성징 때문에 포식자(천적) 눈에 잘 띄어
잡아먹히기 쉽고, 항상 도전자가 기다리고 있으며 공격의 목
표가 되어버리니 그 또한 유리한 것이 못 된다. 높은 자리를
차지하려는 놈들이 호시탐탐 노리는 것이다!

이에 비해서 성장을 멈춘 어리보기들은 큰 놈들로부터의 위협은 고사하고 도전의 대상조차 되지 않으니 얼마나 편안한가. 어린 녀석을 우습게 볼 일이 아니다. 필자는 고등학생일 때 아주 키가 작은 편이었는데, 공부를 좀 잘 했기에 큰 친구들이 때리지 않았고, 비슷한 친구들 역시 위협을 주지 않아서 매를 맞지 않고 학교를 다녔던 기억이 난다. 요새 '왕따'가 얼마나 무서운가. 어리보기가 덩치는 작아도 고환은 컸다는 것을 기억해보시라. 아무튼 우리의 생각과는 아주 달리, 어리보기는 대장보다 스트레스를 덜 받고 산다는 것을 알 수가 있다. 또한 어리보기는 어리석고 멍해 보여도 실익은 다 챙긴다. 절대로 정자를 암놈에게 전하는 데는 손해 보지 않는다는 말이고, 통계를 내 보니 대장과 어리보기가 모두 반반씩 제 씨를 뿌린다고 한다. 큰 놈이 실속이 없다고 하더니만…….

그러면 어째서 힘이 약한 수컷들도 다 유전자 뿌리기에 있어서는 제 몫을 다 할 수가 있는 것일까? 사실 영장류에서 교미의 대상을 결정하는 권한은 암놈에게 있다. 선택권이 암놈에게 있으니, 수컷들이 별의별 아양과 애교를 다 부려서 선택되려 드는 것이 아닌가. 일반적으로 암놈은 힘 센, 건강한 유전자의 소유자인 대장을 선택하고, 그놈은 다른 수놈(유전자)의 접근을 막는다. 그러나 예외는 언제나, 어디에서나 있는 법. 암놈들은 어느 순간, 몰래 어린 수놈들과 교미를 한다. 힘 약한 수놈들이 덩치가 비슷한 암놈과 잘 어울려서 지내왔던 것도 '도둑 교미'를 할 수 있는 원인이 된다. 뿐만 아니라 어리보기들은 암놈들이 순순히 허락을 하지 않는데도 억지로 교미를 하는 것이 예사라고 하니, 일종의 강간인 것이다. 다른 영장류는 암놈의 동의 없이는 그런 짓을 하지 않으니, 이것이 바로 이 동물만이 갖는 특징이겠다.

못다 자란 놈들에게도 기회는 있다. 대장이 죽어버리거나 어디로 가고 나면 암놈은 제 차지가 되는데, 이런 경우엔 재빠르게 몸뚱이가 커져서 대장 크기가 되고, 이차성징도 획득하게 된다. 주변의 환경이란 참 무서운 것이다.

그러면 우리는 이들 오랑우탄에서 무엇을 배울 수 있을까. 오랑우탄의 생리, 삶의 역사, 사회의 구조가 다른 영장류와 아주 딴판이기에 그 동물의 행동을 다른 동물의 경우에 바로 대입하기엔 어려움이 있다. 특히 다른 영장류를 관찰한 결과를 인간과 바로 연결시키고 싶어 하는 경우가 흔한데, 그것은 아주 위험천만하다. 예를 들어, 오랑우탄이 억지로 암놈과 교미를 하는 것을 바로 사람의 강간 행위와 같은 것이라 보기는 어렵다는 것이다. 이 동물은 그런 경우에도 절대로 암놈을 다치게 하는 일이 없기 때문이다(그렇다고 동물들의 행동을 완전히 무시하는 것도 바보스럽다. 왜? 자연은 언제나 인간의 반면교사이니까). 어쨌거나 수놈들의 열정적인 씨 뿌리기 욕구가 있었기에 끊어지지 않고 대대로 종족이 이어지는 것이리라.

혹시 '쿨리지 효과'(Coolidge's effect)라는 말을 들어봤는가? 여기에서 왜 갑자기 쿨리지 효과가 생각나는지 모르겠지만, 미국의 30대 대통령이 쿨리지가 아닌가. 독자들도 들어본 이야기인지 모르지만, 그들 부부가 농촌에 들러서 함께 닭장을 살펴보고 있었다. "저 수탉은 하루에 몇 번 관계를 갖나요?" 하고 부인이 농부에게 묻자 농부는 "열 번 이상입니다"라고 답을 했는데, 부인은 농부에게 그 말을 남편에게 꼭 해 달라고 부탁한다. 뒤따라 온 쿨리지 대통령은 농부에게 "저 수탉은 같은 암탉과 관계를 여러 번 하는가?"하고 물었고, 농부는 "아닙니다. 상대를 바꿔가면서 하지요"하고 답했다. 쿨리지는 "그럼 그렇지" 하고 고개를 끄덕이면서 그 얘기를 자기 부인에게 반드시 해 달라고 부탁을 하더란다. 이처럼 상대가 바뀌면 자극이 커지는 것을 쿨리지 효과라고 하는데, 종마도 암놈 씨받이가 달라지니 그 짓이 가능한 것이리라. 동물이나 사람이나, 늙으나 젊으나 무슨 수를 써서라도 더 많은 종족을 남기겠다고 별의별 짓을 다한다.

상상을 초월하는 수놈들의 생식 작전!

암수란 무엇인가? 포유류의 경우 페니스의 유무, 임신, 특수한 젖샘에 의한 수유, 일부 염색체의 모양 등의 여러 특성에 의해서 두 성을 정의한다. 대형 성세포인 난자를 가진 것이 암놈, 작은 성세포인 정자를 가진 것이 수컷이다. 찾아다니는 것이 정자이니 작은 크기를 갖게 된 것이다. 그래서 한 마리의 수컷은 100마리의 암놈을 상대할 수가 있다. 극단적인 예를 들어보자. 바다코끼리에 관한 연구 결과를 보면 88%의 암컷이 겨우 4%의 수컷과 교미했다 한다. 비록 수컷 중 교미에 참여하는 것은 극히 소수지만 암수의 수는 거의 같아지는 경향이 있다. 이것을 처음 설명한 사람이 피셔(Irving Fisher)였다.

뉴기니아(New Guinea)의 극락조(極樂鳥) 이야기도 이와 비

숫하다. 암컷 극락조가 남성다운 수컷을 어떻게 선택하는가를 보자. 극락조 암놈은 수놈에게서 원조 받는 것을 포기하고 오직 좋은 유전자를 받는 것에만 전력을 쏟는다. 여기서도 암놈의 무기는 쉽게 교미를 허락하지 않는 것이다. 암컷은 가장 좋은 유전자를 수컷에만 허용하도록 항상 유의하고, 자기의 유전자를 장수하는 유전자와 결합시키려고 든다. 그래서 연상의 남자를 고르는 것이다. 물론 경제적인 능력을 가진 것도 중시한다. 수명 그 자체는 왕성한 생식력의 증명이 될 수 있고, 자식들이 오래 살았다 해도 손자를 많이 낳지 않으면 아무 소용이 없다. 물론 좋은 유전자를 가진 젊은 수컷을 배우자로 선택하기도 한다. 무엇보다 성적 매력을 가진 수컷을 고른다. 그리하여 손자, 자식에 매력이 이어지길 원한다. '성의 선택'이라는 것이다.

극락조의 경우에도 암컷들이 선택한 것은 긴 꼬리를 가진 수컷이었다. 꼬리가 길다는 것은 먹이를 잘 먹었고, 빨라서(근육이 발달하여) 포식자에게 꼬리를 물리지 않았다는 증거다. 암놈들의 간파 능력이 대단하다. 아무튼 남성다운 수컷이나 가정의 행복을 우선으로 하는 수컷이냐, 두 가지 전략을 암놈은 가진다. 암수의 색채를 보면 수놈이 암놈보다 화려하고, 암놈은 단조롭다. 그런데 색채가 화려하면 할수록 포식자의 뱃속에서 생을 마감할 가능성이 높다. 그러나 단조로운 색을 가진 것은 배우자를 유혹하기 어렵다. 그래서 수놈은 큰 벌이를 노리는 도박꾼이다. 암놈은 체색이 흐려도(난자를 하나 가짐)

수놈들이 수많은 정자를 가지기에 난자의 수정을 보증받을 수가 있다. 한 마리의 수컷이 수많은 암컷에게 자식을 낳게 하는 것은 충분히 가능하다. 만약 세계를 손에 넣어도 불멸의 유전자를 잃어버리면 수컷에 무슨 이익이 있겠는가!

여기에서 '성공한 수컷 극락조'의 이야기를 보자. 산란기에는 아침 일찍 수놈들이 정해진 장소에 모여든다. 물론 암컷도 그곳에 몰려오니 그들의 밀회장소를 '렉'(lek)이라 한다. 수놈들이 뭇 치장을 다하고 나무 위에 앉아 암놈들을 기다린다. 드디어 암놈들이 하나둘 날아들자 수놈들은 모두 나뭇가지에서 우르르 땅바닥으로 내려앉아 몇 시간 동안이고 날갯짓에다, 고래고래 소리를 지르며 현란한 춤까지 춰댄다. 나뭇가지 위에서 목을 빼고 내려다보면서 짝을 고르고 있는 암놈들의 모습을 상상해 보시라! 사람도 그렇지만, 원천적으로 짝을 고르는 것은 암놈의 몫이다. 수놈들이 펼치는 애원의 몸짓과 소리, 춤은 곧 구애행위(courtship)인 것이다. 암놈들은 수놈들 중에서 제 마음에 드는 건강하고 잘 생긴 놈과 교미를 하고는 아무 일 없었다는 듯이 느릿느릿 사라진다(극락조는 암컷이 혼자서 집 짓고 알 낳아 새끼를 친다). 다음 날에도 수놈들의 무도회는 계속되고 그렇게 짝짓기는 계속된다.

그런데 극락조 무리 중에는 수놈이 산란장(産卵場)을 지어서 암놈에게 바치는 종류도 있다. 암놈들이 이집 저집, 집 구경을 다하고 그 중에서 제일 크고 예쁜 집을 지은 수놈을 골라서 씨를 받는다. 가시고기와 아주 흡사한 짝 찾기요 짝짓기다. 그런데 조사를 해보니, 놀랍게도 전체 암놈의 80%가 수놈 중에서 아주 크고 건강한 한 녀석과 사랑을 하더란다. 멋쟁이 '성공한 수컷' 한 마리가 암놈의 80%를 차지한 것이다! 새들도 뭘 알기는 아는 모양이다. 여기서 재미나는 것은 배우자를 고르는 데 있어서 짝의 선택권을 가지는 것은 암놈이라는 것이다. 사람의 경우에도 새들의 짝 찾기와 크게 다르지 않다. 극락조들의 선보기는 완전히 암놈이 결정하는 데 반해서 사람은 일부 남자가 '호(好), 불호(不好)'를 할 뿐 차이가 없다.

그러면 못생기고 밉상인, 힘 약한 수컷들은 전연 제 DNA를 퍼뜨리지 못할까? 강하고 멋진 놈보다는 덜하지만 그래도 다 제 유전자를 남긴다. 앞의 극락조의 경우에서, 80%를 제외한 나머지 20%의 의미는 매우 크다. 원칙적으로 보면 한 마리의 멋진 놈이 암놈의 100%를 차지해야 하겠지만, 약자들도 순간적으로 강자 몰래 암놈들과 짝짓기를 하니 강자가 모두를 차지하지는 못하는 것이다. 세상에 100%는 없다. 염소 집단의 못난이들도 대장의 눈을 피해 재빠르게 교미하고 도망을 친다고 한다.

동물계에서 볼 수 있는 다양한 번식 시스템, 예를 들어 일부일처제, 난혼, 하렘제 등은 모두 암수 사이의 이해 대립의 산물로서 이해할 수가 있다. 암수 어느 개체나 그 생애에 있어서 번식을 최대화하는 것을 바란다. 정자와 난자의 크기 및 수에 근본적인 차이가 있기에 수컷은 일반적으로 난혼에 치우치고 자식보호를 경시하는 경향을 보인다. 반면에 암놈에서는 다른 전략을 볼 수가 있다. 하나는 남성다운 수놈을 선택하는 전략이고, 또 하나는 가정을 우선으로 하는 수컷을 뽑는 전략이다. 두 성 사이에서 널리 볼 수 있는 또 하나의 차이는 배우자의 선택에 있어서 암놈이 수컷보다 더 신중하다는 것이다.

리처드 도킨스, 『이기적 유전자』 중에서

멋있는 해석이다! 다른 동물과 사람에서 '성의 선택'이라는 점에서 다르지 않다. 더 따라 읽어보자.

성적으로 매력적이고 화려한 색채를 나타내는 쪽은 수컷이고, 반면에 암컷은 좀 단조로운 색채를 나타낸다. 암수 어느 개체도 포식자에게 먹히는 것을 싫어하는 것은 마찬가지다. 선명한 색은 배우자뿐만 아니라 포식자도 유인하기 때문이다. 이는 수컷이 큰 위험을 걸고 큰 벌이를 노리는 도박꾼의 존재라고 보는 우리의 견해와도 일치한다.

그런데 성의 선전행위, 즉 과시행위에 있어 사람은 동물과 다르다. 진화론적 입장에서 보면 남성이 과시적이고 여성은 단조로운 색채를 나타낼 것으로 예상할 수 있으나 그렇지 않은 것이 보편적인 현상이다. '공작의 꼬리'에 상당하는 것을 과시하는 것은 여성이지 남성이 아니다. 결혼식에서 꼬리 긴

옷을 누가 입던가? 여자는 화장을 짙게 하고 가짜 속눈썹을 붙인다. 여성은 자기의 용모에 대해 매우 관심을 갖는 데 비해 남성은 그렇지 않다. 그렇다면 사람은? 렉에서, 나무 위에 올라앉아 밑을 내려다보고 있는 것은 여자가 아니고 남자란 말이 아닌가. God knows!

물고기 한 종에서 더 교묘한 수놈의 씨 뿌리기 수법을 보자. 큰입우럭 무리의 일종(bluegill sun-fish)의 성의태(性擬態)행위다. 이 물고기의 수컷들은 ①아주 덩치도 크고 몸 색깔도 좋아서 제 영역을 지키면서 여러 암놈을 거느리는 대장 놈, ②첫째 놈의 둘레를 빙빙 돌면서 눈치를 보아 몰래 재빨리 정자를 뿌리고 내빼버리는 놈, ③아주 흥미를 끄는 '성의태'를 부리는 놈 등의 세 부류로 나뉜다. ③번의 이놈은 첫 번째 대장 수놈과 암놈들의 중간 크기에다 색깔도 어중간하면서, 되레 암놈 행세를 한다. 암놈과 가까이 지내다가 슬그머니 제 유전자를 뿌린다는 것이다. 대장 수놈의 눈에 나지 않고, 암놈들과는 비슷한 꼴이라 거부당하지 않으니 불알 잃은 남자, 궁중의 내시들이 떠오르는 것은 필자의 과잉반응일까. 아무튼 교묘하게 암컷의 흉내를 내어 씨를 뿌리는 물고기에 놀라 감탄사가 절로 나온다!

그런데 성의태는 비길 바 못되는, 족탈불급의 경악할 만한 짝 차지하기 수법을 소개한다. 아, 짝짓기가 뭐기에 이렇게 까지 머리를 쓸까. 무슨 이런 일이 다 일어난담?!

미국산 뱀의 일종(red-sided garter snake)의 짝짓기 작전은 기상천외하여서 앞의 '내시 물고기'를 뺨친다. 이 뱀은 교미 때는 암수 여러 마리가 뒤엉켜서 둥그런 큰 공 모양을 하니 이를 교미공(mating ball)이라 한다. 그런데 수놈 중 16% 정도는 암놈의 탈을 쓰고 다른 수놈들을 다른 곳으로 꼬드겨 빼내 놓고 제자리로 달려가서 암놈을 차지한다니 기막힌 작전이 아닌가. 암놈 시늉을 하는 이런 수놈을 '쉬 메일'(she-male)이라 한다. 이놈들은 안팎이 정상적인 수놈이면서도 교미 때는 암놈의 성 페로몬과 똑같은 물질을 뿜어내어 다른 수놈을 홀리게 한 다음 밖으로 끌어낸다고 하니 참 어안이 벙벙해진다. 기막힌 녀석들! 유전자를 많이 남기려는 본능은 모든 생물이 똑같다는 말을 여러 번 강조한 바 있다.

여태 우리는 식물, 곤충, 물고기, 동물 등의 치열한 유전자 남기기 기법을 훑어보았다. 대형이고 영양을 많이 가진 난자를 가진 암컷은 처음부터 수컷보다 새끼에게 많은 투자를 하고 있다. 이 때문에 수태를 할 때 자식에 대해서 아비보다 더 많은 정성을 쏟고, 자식이 죽으면 아비보다 더 많은 것을 잃게 된다. 새끼를 발생시키는 데 있어 어미가 거의 전부를 담당하기에 정성을 더 쏟는 것이다. 체내에서 태아를 키우는 것과 젖을 먹여 키우는 것이 모두 암컷이고 자식의 양육과 보호의 부담을 갖는 것도 암컷이다. '시간과 에너지'를 더 소비한 쪽이 어미이므로, 어미가 자식을 아비에게 맡기고 다른 수컷을 찾아 도망가면 아비 편에서도 별 부담 없이 지식을 버리는 방법으로 보복한다. 아비가 어미를 버리는 것은 일반적이나 어미가 아비를 버리는 것은 드문 일이다. 암컷이란 착취당하는 성이고, 착취를 낳게 한 근본적인 진화적 원인은 난자가 정자보다 크다는 데 있다. 자식에 대한 투자를 덜하고 다른 암컷과 더 많은 자식을 만들게 하는 진화적 압력이 어느 수컷에나 작용하고 있는 것은 정상이라 봐야 할 것이다. 그리고 새로운 암컷을 취한 후에 잠재적인 의붓자식을 모두 죽여 버리는 것을 '브루스 효과'(Bruce effect)라 하는데, 이는 수컷의 유전자를 퍼뜨리는 데 유리할 수 있다. 이 효과는 쥐에서 알려진 것으로, 임신 중인 암컷이 이전의 배우자가 아닌 다른 수컷이 분비하는 어떤 화학물질의 냄새를 맡으면 유산할 수 있는 것을 말한다. 새로운 수컷은 이렇게 하여 목표하는 암컷이 성적접근에 응하도록 한다.

자, 아주 고등한 동물인 '밀림의 왕자', 사자의 유전자 전수, 씨 물려주기를 들여다보자. 호랑이가 외톨이 생활을 하는 독거성(獨居性) 동물이라면, 사자는 할머니에서 손자 대까지 보통 열대여섯 마리가 한데 모여 사는 가족생활을 한다. 그런데 이 집안에서 한두 마리의 힘 센 대장 수놈은 다른 집안에서 들어온 녀석들이다. 어느 집안이나 수놈 새끼가 얼마쯤 자라면 죄다 내쫓아버린다. 근친끼리 피를 섞지 않겠다는 것이 아닌가! 세월이 흐르고 흘러 떠돌이 생활을 하던 어린 수컷들이 어른이 되면 집집을 기웃거리다가, 이도 빠져버리고 네 다리 흐느적거리는 늙다리 수컷을 몰아내고 당당히 새 가장이 된다. 그래서 할머니와 손자, 손녀 사자는 피를 같이 하지만 대장은 엉뚱한 뿌리다. 아무튼 우리는 그 과정에서 있었을 수놈들의 사나운 외침, 포효(咆哮)에다 진동하는 피비린내까지 미루어 짐작할 수 있다.

늙은 대장사자가 젊은 놈들에게 늘씬하게 맞고 터져서 쫓겨났는데, 살생은 여기서 끝나지 않는다. 새로 대장이 된 수놈이 눈에 불을 켜고 젖먹이 새끼 사자들을 물어 죽이는 무참한 살상이 계속되기 때문이다. 이유인즉, 젖먹이들을 없애버려야 어미들이 다시 발정(發情)을 하게 되고, 그래야 제 씨를 퍼뜨릴 수가 있다는 계산을 수놈들이 하고 있기 때문이다. 사람도 수유(授乳), 젖을 먹이는 동안에는 임신이 되지 않는다. 그놈의 씨(유전자)가 뭐기에 이렇게 냉혹하고 무참한 일이 벌어진단 말인가? 도대체 어미 사자는 왜 물끄러미 쳐다만 보고 있는 것일까? 대대로, 언제나 그랬으니 포기하고 운명적으로 받아들이는 것이리라. 그런데 이런 동물본성은 사자가 아닌 다른 영장류도 다르지 않게 가지고 있다. 이 영장류에는 불행하게도 사람도 끼어 있으니…… 나머지는 독자들의 상상에 맡긴다.

다음은 조금 글의 각도를 비틀어서 동물들의 외도(外道), 오입(誤入), 즉 바른 길을 어기는 문제를 곰곰이 뜯어 살펴보자. 고약한 일이로다. 어째서 사람 말고도 그런 못된 짓을 하는 것이 있단 말인가. 그리고 인간은 왜 엉뚱한 길을 걷고 싶어 한단 말인가?

대부분의 동물들은 암수가 따로 살다가 발정기에만 만나

새끼를 치고 헤어져버린다. 암수가 영원히 같이 사는 일부일처제(一夫一妻制, monogamy)는 주로 새, 특히 오리 무리에 많고, 영장류는 약 3%만 가족생활을 한다. 물론 사람은 여기에 속한다.

그런데 일부일처의 삶에 있어서도 '노는계집(혹은 사내)과 상종한다'는 문제가 발생한다. 금실 좋기로 이름난 원앙새 새끼들의 유전인자, 즉 DNA 검사를 해 보았더니 놀랍게도(?) 약 40%는 지아비의 유전자와 딴판이었다. 즉, 어미 암놈 원앙이가 곁서방질을 했다는 것이다. 허허, 저런? 어째서, 어쩌다가 상식에 벗어난 이런 일이 벌어진단 말인가. 미국에 사는, 쥐로선 드물게 가족생활을 하는 집쥐의 일종(*Microtus ochrogaster*)에서도 비슷한 행태를 발견하였다고 한다. 가족생활을 하면서도 제 짝이 아닌 다른 녀석의 유전인자를 스스럼없이 받아들이는 암놈이라니!

일반적으로 수컷이 암컷에 비해 상대를 가리지 않고 교미하는 경향이 강하다. 사람에서도 일반적으로 남성에겐 난혼(亂婚)의 경향성이 있고 여자에겐 일부일처제의 경향이 있을 수 있다. 난혼, 하렘제(harem, 일부다처제)에 기초한 사회도 더러 있다. 이는 문화적인 것이 좌우하는 경우로, 동물의 경우에는 생태적 세부사항이 이에 해당한다.

어쨌든, 사랑의 상징인 원앙새가 저러니 다른 동물이야 일러 무엇 하리오. 그러나 다 사정이 있어 그런 것이다. 처녀가 애를 낳아도 다 이유와 사정이 있고, 제 할 말이 있다고 하지 않는가.

인간들은 멸종 직전에 놓인 여러 동물을 따로 동물원에 잡아넣고, 종 보존을 위해 키워서 새끼를 친다. 제 놈들이 다 죽여 놓고는 이제 와서 바로 그놈들이 종 보존하겠다고 별의별 방정을 부리고, 수다 떨고 있는 것을 보면 같잖다는 느낌이 든다. 알다시피 여기서 '같잖은 놈'은 바로 나다. 생각해 보라, 정말로 건방지고 훼방꾼인 사람만 이 지구를 떠나 준다면 얼마나 평화로운 세상이 되겠는가! 물론 동물끼리도 싸우고 다투고, 잡아먹고, 먹히고 하겠지만 말이다.

이야기를 이어서, 멸종 위기에 놓인 동물을 침팬지라 생각해 보자. 그런데 동물원 등에 격리시켜 키워서 씨를 받는 데도 여러 문제가 도사리고 있다. 자연 상태에서는 암놈 한 마리가 여러 마리의 수컷과 교접하여 딴 유전형질을 가진 새끼를 낳으므로 종족의 생존값(生存價, adaptive value)을 높이는데, 동물원의 것은 정해진 수놈의 정자만 받기 때문에 동일한 형질의 새끼들만 태어난다. 따라서 어떤 돌림병이 돌거나 예기치 못한 환경 변화가 일어나면 모두 죽어버리는 일이 생긴다. 만약 암컷이 이것저것 여러 수놈들의 정자를 받았다면 새끼들 중에는 그 병이나 환경에 잘 적응하고, 강한 놈이 있어 일부나마 살아남을 수가 있을 터인데 말이다.

이런 자연원리를 앞의 원앙새 이야기에 적용시켜볼 수 있겠다. 즉, 암놈 원앙이 여러 수놈의 씨를 받음으로 하여 여러 아비를 닮은 다양한 형질의 새끼들이 태어날 수가 있고, 그래서 불리한 환경에서도 살아남을 확률이 높아진다는 것이다. 그러니 어찌 그 지혜롭고 현명한, 자식 생각에 투철한 원앙이 암놈을 나무랄 수가 있단 말인가. 이 새에게 돌을 던질 자가 있으면 나와 보라.

용감한 자만이 아름다운 짝을 차지한다고 하면 웃을지 모른다. 여기 송사리 과(科)에 속하는 열대어 거피(guppy) 수놈의 만용(?)을 보자. 여러 마리 거피가 들어 있는 큰 어항에 덩치 큰 포식자를 집어 넣어보았다. 그때의 거피, 피식자(被食者)의 반응이 매우 흥미로운데, 반드시 몸집이 크고 빛깔이 아주 밝은 대장 놈이 앞으로 나가 포식자와 당당히 맞서더라고 한다. 물론 그러기에 그놈이 대장 짓을 하고 암놈을 다 차지하는, 아니, 암놈들이 그놈을 따르고 짝으로 선택하는 것이겠다.

그런데 주변에 암놈을 없애버리고 포식자를 넣었을 때는 어떻게 되었을까? 그 대장 거피 놈은 앞으로 나서지 않고 꼬리를 감추고 슬금슬금 피하기 바빴다고 한다. 보라, 물고기 수놈들은 암놈을 차지하기 위해 생명을 걸고 있지 않는가. 당신은 그럴 자신이 있는가?

그런데 이런 현상도 재미난다. 일부러 덩치가 작은 못난이 거피 수놈을 넣고 포식자에게 맞닥뜨려 달려들게 했더니, 이것 봐라! 암놈들은 못나도 떳떳한 녀석을 짝으로 삼더라는 것이다. 암놈은 절대로 비겁한 수놈을 좋아하지 않는다! 뿐만 아니다. 물고기는 언니가 짝을 맺은 수놈 물고기를 선호하고, 같은 배의 수놈이 아닌, 먼저 난 수놈을 선택한다. 암탉도 그렇지 않은가. 학생들도 군대를 갔다 온 '오빠'를 배우자로 고른다. 안전하게 자기와 자식을 보호해 줄 것이라는 믿음이 가야 짝으로 삼는 암놈들이다.

아무렴 힘세고, 멋 부리며, 용감한 남성을 좋아하지 않는 여성이 있나. 의리의 사나이가 여자에게 인기가 있다는 것은 우연이 아니다. 저런 남자의 유전자를 받은 자식은 힘세고 용감하여 세상살이를 무난히 헤쳐 나갈 것이라는 심리가 작용하기 때문이다. 그 숭고한 모정이 원앙새 암놈과 별다를 게 없다.

결론적으로, 사람과 다른 생물의 성적 특성이 똑같다고는 할 수 없으나 닮았다는 것은 부인할 수가 없겠다. 남성들의 바람기, 그것은 많은 유전자를 남기겠다는 본능적인 것이고, 여자는 건강한 유전자를 자식에게 남기고 싶어 한다. 인간도 동물이지만, 도덕, 윤리, 종교라는 것이 본능을 통제하여 바른 길로 제어(制御)하고 있을 뿐이다. 한평생 자식 낳아 키우고 죽는 일이 그리 쉽질 않구나!

권오길 교수가 들려주는 **생물의 섹스 이야기**

펴낸날	초판 1쇄 2006년 4월 20일
	초판 4쇄 2013년 2월 4일

지은이 **권오길**
펴낸이 **심만수**
펴낸곳 **(주)살림출판사**
출판등록 1989년 11월 1일 제9-210호

경기도 파주시 문발동 522-1
전화 031)955-1350   팩스 031)955-1355
기획 · 편집 031)955-4662
http://www.sallimbooks.com
book@sallimbooks.com

ISBN 978-89-522-0496-7 04080

※ 값은 뒤표지에 있습니다.
※ 잘못 만들어진 책은 구입하신 서점에서 바꾸어 드립니다.